DE LA CAISSE
D'ESCOMPTE.

DE LA CAISSE *D'ESCOMPTE.*

Par le Comte de MIRABEAU.

Jam dabitur , jam , jam; donec deceptus , & exfpes
Nec quicquam fundo fufpiret nummus in imo.

PERS. SAT. II, v. 50 , 51.

M. DCC. LXXXV.

AVIS IMPORTANT.

Le Lecteur est prié de ne pas négliger la lecture du Post-Scriptum qui se trouve à la suite des Pieces justificatives, parce que la piece qui en est l'objet n'est parvenue à l'Auteur qu'après l'impression & au moment même de l'expédition de son Ouvrage.

C'eſt à Londres que j'ai recueilli les matériaux de cet ouvrage. J'étois dans cette ville chez un homme conſidérable, lorſque la converſation y tomba ſur notre caiſſe d'eſcompte. Les papiers publics parloient des circonſtances qui ont amené l'arrêt du conſeil d'état du 16 & celui du 24 Janvier de cette année. Le réſultat de tout ce que j'entendis alors & de tout ce qu'on a dit ſur ce ſujet dans ce pays peu indulgent pour nos légéretés, c'eſt que le défaut d'eſprit public rend tout-à-fait impoſſible en France l'établiſſement des banques de ſecours.

J'examinois à mon propre tribunal cette ſentence ſévere, pour m'aſſurer ſi elle éto't ou n'étoit pas ſans appel, lorſque le hazard m'a procuré les détails de tous les débats qui ont diviſé les actionnaires de la caiſſe d'eſcompte.

Alors je me ſuis pleinement confirmé dans l'opinion où je ſuis depuis long-tems, que les philoſophes dédaignent beaucoup

trop de porter leurs regards fur les événemens journaliers du commerce, & de
faifir les occafions d'éclairer fes principes,
fes calculs, fa morale, en un mot, les
rapports de fes divers effets avec la chofe
publique & le bonheur des fociétés.

Si les philofophes font les tuteurs du
genre humain, pourquoi ne furveillent-ils
pas leur pupille dans toutes fes occupations? Auroient-ils auffi cet efprit du commerce qui veut donner peu & recevoir beaucoup, ou bien cet antique mépris que pro-
fefferent nos peres pour le commerce qu'ils
ne connoiffoient pas, retiendroit-il jufqu'à
la plume des philofophes ?

Ce mépris, dont nous ne fommes point
encore auffi corrigés qu'on affecte de le
penfer, eft un des effets les plus frappans
de notre inattention, pour ne pas dire de
notre inconféquence, puifque l'on convient
enfin que le métier de la guerre, c'eft-à-
dire, l'art de nous défoler premiérement
nous-mêmes, de nous exterminer en tout
fens, nous & notre poftérité, pour défoler & pour exterminer les autres, que ce

métier, le plus noble de tous, comme on dit, n'eſt qu'une ſpéculation de commerce, depuis les politiques & les rois, qui en ſont les entrepreneurs, juſques aux militaires, qui en ſont les facteurs & les ouvriers.

Je ſais tout ce que l'on peut écrire contre la manie univerſelle de ce commerce politique, conquérant & navigateur qui infeſte les deux hémiſpheres ; mais de cette frénéſie contagieuſe au commerce proprement dit, à celui qui exiſte néceſſairement par-tout où les hommes ſe raſſemblent, il y a ſans doute une extrême diſtance. Ce ſont les principes, les procédés, les mœurs, c'eſt l'eſprit du commerce enviſagé ſous la notion générale & abſtraite d'échange, dont je parle ; c'eſt de l'état de choſes qu'il produit, qu'il prépare, qu'il néceſſite chaque jour, dont il faudroit s'occuper.

Et pour faire entendre en un mot ce que je voudrois exprimer, je prierai que l'on me diſe qui, dans la ſociété, n'eſt pas commerçant ? Qui ne cherche pas à échanger avec avantage, ſelon ſa maniere de voir, ce qu'il peut donner contre ce qu'il voudroit recevoir ? Qui n'emploie pas dans cet échange toutes les rufes, tout le favoir-faire, tout le manege, tranchons le mot, toute la cupidité cauteleufe dont nous nous faifons des motifs pour méprifer par air le commerce & les commerçans ? On commerce à la cour, à la ville, à l'armée, dans les fociétés les plus refpectables; tout s'y fait par échange, & c'eft toujours le defir réciproque de rendre fes échanges avantageux à foi-même, qui, contenant un intérêt par l'autre, fixe tous les prix & regle le taux des fervices.

Une feule claffe d'hommes peut-être échappe à la difpofition générale, mais non pas injufte, de ne donner qu'en recevant. Ce font les agriculteurs, à qui l'expérience apprend qu'on fait encore de meilleurs marchés en prodiguant des avances & des travaux dont il faut attendre le fruit. Chacun portant dans fa conduite l'efprit relatif aux objets dont il s'occupe, la morale des agriculteurs, aidée de l'innocence des mœurs hofpitalieres de la campagne, & de l'habitude des fervices journaliers d'homme à

homme qu'appellent les travaux champê-
tres, doit être plus aimable & mieux en-
tendue que celle des commerçans. Ceux-ci
vont bien jufqu'à un échange de bienfaits,
& n'ont que la valeur de leur mife : les
autres répandent généreufement les bons
procédés, les fervices, les fecours, pour
une récolte fouvent incertaine ; mais auffi
décuplent-ils la femence quand ils trouvent
un bon terrein, & fertilifent-ils quelquefois
même les fols arides & les cœurs ingrats.
Si les écrivains qui ont cherché à faire
influer fur la politique, fur la philofophie,
fur les mœurs, ces principes agricoles avoient
eu autant d'efprit & de talent qu'ils avoient
de lumieres & de bonnes intentions, ils
feroient comptés parmi les premiers bienfai-
teurs du genre humain.

Mais ils ont peu connu l'art de fe faire
écouter. Les maximes ordinaires du commerce ont prévalu. Elles font utiles, elles font uni-
verfelles, elles ne font point méprifables ; &
peut-être ne faudroit-il que peu d'efforts aujourd'hui pour ennoblir dans fon ufage cette
action continuelle que nous exerçons les

uns fur les autres, qui précisément eft le commerce, & qui n'eft auffi que la définition du mot *Société*, pour l'ennoblir, dis-je, par l'éducation (1), par le refpect, par un préjugé honorable qui, tendant à épurer les principes, les vues, les habitudes de cette *action*, la rendroient franche, loyale, bienveillante, & laifferoient toujours au cœur du commerçant cette honorable fenfibilité d'où naiffent l'humanité & le patriotifme, c'eft-à-dire, une difpofition généreufe à mettre au nombre de fes gains le fentiment d'en avoir abandonné quelques-uns pour le bien public.

Que les philofophes, après s'être élevés aux généralités d'où leur vue doit planer

_____

(1) Peut-être, fi l'on s'occupoit des moyens de donner aux commerçans une éducation appropriée à leur état, on parviendroit à réprimer cette vanité bizarre & contagieufe qui nous fait méprifer ce que tout homme eft au fond, & ce qu'il fera toujours, fous quelque décoration qu'il figure dans la fociété. Cette vanité s'eft tellement faifie des commerçans eux-mêmes, qu'ils confentent à cette efpece de mépris; ils le fanctionnent, fi je puis parler ainfi, en traveftiffant leur coftume de marchand, auffi-tôt qu'ils imaginent avoir acquis de quoi s'en paffer. Et n'avons-nous pas vu un de nos plus célebres négocians qui a cru mieux s'illuftrer en fondant une école militaire qu'une école de commerce ?

sur les hommes & sur les choses, descen‑
dent donc à l'examen de tous les effets de
l'industrie humaine; qu'ils suivent cette in‑
dustrie dans la maniere dont elle s'applique
à tous les objets ; qu'ils en découvrent les
effets moraux ; qu'ils ne négligent point les
détails dans lesquels périssent si souvent les
meilleurs projets, les plus utiles tentatives ;
les plus excellentes choses ; qu'ils nous
apprennent à mépriser, autant par pru‑
dence que par amour‑propre, l'égoïsme
étroit & aride, à revêtir les combinai‑
sons de l'intérêt des formes les plus favora‑
bles aux rapports qu'elles doivent avoir
avec le bien général, à les débarrasser de
celles qui tendent à exalter la corruption,
dont la source est presque toujours dans
l'ignorance de quelque vérité utile.

Au reste, qu'ils ne s'effraient pas des
détails que je leur propose. Il n'y a de vrai‑
ment ennuyeux que ce dont on sent l'inu‑
tilité, & il n'est pas aussi difficile qu'on le
pense de découvrir la vérité dans les objets
même dont on s'est le moins occupé. La
logique du bon sens & l'attention donnent
des lumieres à qui veut les acquérir. C'est

à l'aide de ces inftrumens qu'avec des moyens bien foibles & dans une fituation très-pénible, je crois être parvenu à déve-lopper, apprécier & mettre en ordre des idées fort étrangeres à mes études habi-tuelles. Ces idées me paroiffent faines & utiles. Si j'ai raifon, il reftera prouvé qu'un homme de fens peut tout entendre, tout analyfer, tout juger ; & cela n'en feroit pas moins vrai, fi je m'étois trompé : car ce feroit faute d'attention ou d'intelligence, & il n'en faudroit pas conclure qu'un autre à ma place n'eût pas fait un meilleur ou-vrage.

Pourquoi l'ai-je entrepris ? Je me fuis fait cette queftion à moi-même. D'abord (ou du moins je le croyois à Londres) pour venger l'efprit national du reproche de légéreté & d'incurie qu'on ne ceffe de lui adreffer. D'autres motifs font venus fe joindre à celui-là que j'avois prefque ou-blié, je dois en convenir, au moment où une circonftance inattendue m'a décidé à rendre public cet ouvrage.

Fatigué d'une vie orageufe, & perfuadé

que le repos & la paix font les feuls biens
purs & fans mêlange que le ciel ait accordés à l'homme (1), je quittois la fiere Al-
bion, ce pays pour tout autre plus digne
d'eftime & de curiofité que d'affection &
de regrets, mais où j'ai trouvé, moi, les
amis les plus vrais & les plus dévoués qui
foient fur la terre, & j'allois dans le feul
féjour auquel le fort m'ait laiffé des droits,
lorfque paffant à Paris, j'ai appris qu'on
s'occupoit de nouveaux réglemens fur la
caiffe d'efcompte; j'ai cru que cette circonftance rendoit néceffaire un ouvrage qui
fixât & mît à la portée de tout le monde
les bons principes fur ce fujet. Il m'a paru
que c'étoit le feul moyen de préferver cette
banque très utile, & dont la ftabilité eft devenue de la plus grande importance, d'une

---

(1) Il faut que cette vérité foit bien frappante : car on
la trouve aux deux poles de l'efprit humain, fi je puis parler ainfi :

On lit dans Newton : *Quietem, rem prorsùs fubftantialem.*
On lit dans La Fontaine :

Le repos, le repos, tréfor fi précieux ;
Qu'on en fit autrefois le partage des Dieux.

nouvelle révolution qui ne fauroit être indifférente à la confidération & au crédit
national; & j'ai livré cet ouvrage à la preffe,
non fans me dépiter contre le mouvement
intérieur qui me rend incapable de réfifter
à une forte perfuafion.

Peut-être il eût été utile d'y joindre une
hiftoire abrégée du fyftême de Law & de
fes fuites. Quoique de bons écrivains fe
foient occupés de cette matiere, on ne l'a
point encore traitée avec cette clarté de ftyle,
cette précifion dans les définitions, cet enchaînement de faits & d'obfervations néceffaires pour donner une jufte idée de ces
opérations abfurdes. Elles reffemblent, il
eft vrai, aux rêves les plus extravagans &
les plus bizarres que puiffent faire des ima-
ginations malades; mais il eft impoffible
de s'exagérer combien, lorfque la cupidité
& l'ignorance s'enflamment par des objets
que l'imagination feule apprécie, toutes les
abfurdités de ce genre deviennent poffibles
en quelque tems que l'on foit, & de quelques lumieres dont un fiecle fe vante.

Nous ne manquons pas d'écrivains très-capables de rajeunir ce fujet & de l'approprier aux circonftances. Pour moi, qui n'afpire plus qu'au repos, j'abandonne la carriere à des hommes plus heureux, & fur-tout plus indé-pendans, fi ce n'eft par leurs fentimens & leur courage, du moins par leur fituation. Qu'il me foit permis d'ajouter un mot que m'ar-rachent la juftice & la vérité, bien plus que le reffentiment & l'orgueil.

En moins de quatre années, & plaidant à la fois pour ma tête, pour mon pain, pour ma liberté, pour mon honneur, feul & fans appui, livrant des combats à des ennemis étrangers, à des ennemis d'intérêt, à des ennemis littéraires, &c., &c., &c., j'ai trouvé le tems d'écrire un ouvrage *fur les lettres de cachet & les prifons d'Etat*, des *Confidérations fur l'Ordre de Cincinnatus*, un livre fur la fituation actuelle des affaires politiques de l'Europe, & ces réflexions fur la caiffe d'efcompte. Voilà ce qu'on peut avec des talens très-médiocres, mais une volonté forte & un penchant naturel à étu-dier le vrai & l'utile. Que ceux qui, comme moi, auroient eu le malheur d'armer la calomnie par les erreurs de la jeuneſſe, ſe vengent auſſi comme moi.

Paris, 8 Mai 1785.

DE

DE LA CAISSE
D'ESCOMPTE.

CHAPITRE PREMIER.

De l'utilité des Caiſſes d'Eſcompte.

S'il eſt une différence remarquable entre la politique des anciens & la nôtre, il faut la chercher ſur-
tout dans les opérations de finances, dont nous avons
fait une ſcience très-compliquée, & que nous ne
voyons pas qu'ils aient connue ; ſoit que ces opérations ayant toujours été mépriſées des philoſophes,
qui, preſque ſeuls, écrivoient alors, ils aient dédai-
gné d'en parler dans leurs livres ; ſoit qu'elles fuſſent moins néceſſaires dans ces tems où il n'y avoit
que des républiques, ou des tyrans. La liberté des
unes, plus entiere, plus généreuſe, prodiguoit plus
d'efforts, que ſecondoient d'ailleurs à peu de frais
les travaux d'une multitude d'eſclaves domeſtiques

A

qui ne recevoient point de folde. L'autorité plus abfolue des autres arrachoit des tributs plus exceffifs,
& prenoit tout à volonté, fans mefure & fans calcul.

Quoi qu'il en foit, & quelque opinion que l'on
doive fe former des fyftêmes de la politique ancienne & moderne, quelque poffible qu'il fût peut-
être d'établir & de mettre en pratique une théorie
également éloignée des uns & des autres ; la fcience
de la finance eft devenue l'une des plus importantes
études des adminiftrateurs de nos jours ; & les banques
publiques, qui fourniffent aux nations emprunteufes &
obérées un moyen de reffource & d'économie ; leurs
billets de confiance (1), qui repréfentent à volonté
de la maniere la plus commode, la moins onéreufe,
la plus tranfportable, un numéraire qui ne poffédera
jamais au même degré aucun de ces avantages,
font aujourd'hui l'un des principaux inftrumens de la
puiffance.

Une des grandes utilités de ces inftitutions ingé-
nieufes, mais délicates, eft de faciliter les échanges

---

(1) Nous appellons *billets de confiance* ceux de la caiffe
d'efcompte connus dans le public fous le nom de *billets
noirs & rouges*. Ils different du *papier-monnoie* en ce que
le public eft forcé de recevoir celui-ci, au lieu qu'il peut
refufer les autres. La défiance accompagne ordinairement le
papier-monnoie : les *billets de confiance* au contraire n'ont
befoin que d'appartenir à un bon régime, pour jouir du
plus grand crédit.

en multipliant les fignes repréfentatifs des néceffités & de la richeffe.

Cette facilité des échanges par la multiplication des fignes eft plus loin que jamais d'être indifférente, graces au mauvais fyftême des monnoies qui gouverne l'Europe. Plus le commerce s'étend, plus il faut de monnoie pour la commodité des fpéculations. Plus la population s'accroît, plus auffi il faut de monnoie, puifqu'il eft impoffible de concevoir dans nos fociétés un individu qui n'ait pas befoin de quelqu'argent pour échanger ce qu'il eft en état de fournir, contre ceux de fes befoins pour lefquels il ne peut fe paffer d'autrui.

Mais la monnoie renferme deux chofes; l'une variable, & c'eft la valeur de l'or & de l'argent, confidérés comme marchandifes; l'autre invariable, & c'eft la dénomination numérique du métal monnoyé.

Si le métal devient rare à proportion des befoins, il renchérit comme marchandife, & fa valeur intrinfeque perd fon rapport avec la valeur numérique ou dénominative du métal monnoyé. La différence devient plus confidérable à proportion que cette rareté, relative aux befoins de la monnoie & du luxe, eft plus grande, jufqu'à ce qu'une infuffifance abfolue fe faffe fentir. Telle eft précifément aujourd'hui la fituation des chofes.

Le befoin d'augmenter par-tout la maffe des métaux monnoyés, & les confommations du luxe

toujours croissant, excedent de beaucoup la proportion qui existoit entre les sources des métaux &
leur distribution, lorsqu'on fixa la valeur des monnoies. Ainsi, par exemple, on ne peut plus avoir
pour 24 liv. la quantité d'or nécessaire pour faire
un louis ; & s'il ne s'ouvre pas quelque nouvelle
mine d'or & d'argent, & qu'il faille absolument
frapper des louis, il faudra diminuer le titre, c'est-
à-dire, la valeur intrinseque de l'espece, ou hausser sa valeur numérique ; ce qui revient au même.

Mais cette opération est très-délicate : on la re-
tarde tant qu'on peut, non qu'elle soit injuste, mais
parce qu'elle est toujours regardée comme telle par
un effet naturel & nécessaire, soit de l'ignorance
sur le vrai rapport des choses, soit des préjugés
qui naissent à la suite de l'ignorance, & qu'on prend
pour la science, & aussi parce qu'on se rappelle
toujours avec effroi les vexations dont cette opération a trop souvent été le prétexte.

D'ailleurs, on est long-tems incommodé de la
rareté des especes avant que de connoître distinc-
tement la cause de ce qu'on éprouve. On regarde
la disette du numéraire comme momentanée ; & ce
n'est qu'après en avoir long-tems souffert que l'on
cherche à y remédier. Or, les caisses d'escompte
ont au moins la propriété de retarder beaucoup
ces époques embarrassantes, puisqu'elles suppléent
à la monnoie par des billets de confiance, qui
valent autant lorsque cette confiance a une base soli-

de. Les établiſſemens de ce genre ſont donc néceſſaires ſous ces rapports.

Ils ne le ſont pas moins pour entretenir l'intérêt de l'argent à un taux plus bas & plus uniforme
qu'il ne l'étoit avant leur établiſſement, & cette
opération de premiere importance eſt également
favorable à l'agriculture, aux manufactures, au commerce & aux finances. Graces au bas prix de l'intérêt de l'argent, l'agriculture eſt encouragée (1) ;
les manufactures, ſans augmenter leurs charges,
emploient de plus grands capitaux (2) ; le commerce s'ouvre de nouvelles branches dont le haut prix

_____

(1) Entre pluſieurs conſidérations qui démontrent cette
vérité, il en eſt une qui doit frapper tous les eſprits par
ſa ſimplicité. Si un terrein en friche demande 1000 liv.
par exemple, pour le rendre ſuſceptible d'un produit net
de 50 liv. par an, & que l'argent ſoit à 6 pour 100, le
propriétaire ne l'entreprendra probablement pas : car il
perdroit au défrichement. S'il eſt à 5, il n'y gagneroit rien ;
s'il eſt à 4 pour 100, il gagnera 10 liv. par an ſur chaque 1000 liv. qu'il emploiera : il préférera donc le défrichement à un placement d'argent.

(2) Qu'une manufacture emploie un capital de 100,000
liv. l'argent à 5 pour 100, c'eſt 5000 liv. par an qu'il lui
en coûte. Que l'argent tombe à 4, l'entrepreneur de la
manufacture pourra faire à ſon choix de deux choſes l'une :
ou il diminuera d'autant le prix de ſes productions, &
profitera de l'augmentation de débit, occaſionnée par la diminution du prix ; ou bien il portera ſon capital de 100,000
liv. à 125,000 liv. ſans augmenter ſes charges.

de l'argent l'avoit exclus jufqu'alors (1), & les gouvernemens acquierent des moyens de foulager le
peuple fans nuire à leurs revenus (2).

Ces grandes confidérations, & même celles relatives à la facilité que la réduction de l'intérêt donne
aux fouverains d'emprunter, en augmentant plus
lentement, fi ce n'eft en diminuant la dette publique, nous paroiffent faites pour plaire aux bons
efprits. Il y a tant d'inconvéniens, tant de défaftres
de tout genre & vraiment effroyables, attachés aux

---

(1) Qu'un négociant de France faffe de compte à demi
avec un négociant de Hollande une entreprife quelconque
en commerce étranger ; qu'ils établiffent chacun 100,000
liv. de fonds ; que l'argent coûte au négociant François 5
pour 100, au Hollandois 3 ; que le bénéfice, au bout de
l'an, foit de 8000 liv. : c'eft 4000 liv. pour chacun. Mais à
quoi aura abouti leur induftrie mutuelle, fi ce n'eft à enrichir le commerçant de Hollande de 1000 liv. aux dépens
de celui de France ? Et n'eft-ce pas une branche de commerce perdue pour l'Etat ? car perfonne ne confentira jamais
à faire le commerce à fes dépens.

(2) Dans tous les emprunts publics, à quelque ufage
qu'on les deftine, il faut charger le peuple en raifon de
l'intérêt payé pour ces emprunts. Si cent millions coûtent
6 pour 100, voilà 6 millions annuels dont il faut augmenter les impôts ; mais fi l'on ne paie que 4 pour 100, il
ne faudra impofer que 4 millions au lieu de 6, ou bien,
avec ces mêmes 6 millions d'impofition, on pourra emprunter 150 millions au lieu de 100, & cela fans que les
revenus publics foient plus grevés dans un cas que dans
l'autre.

principes dans lefquels beaucoup d'hommes légers ;
& peut-être auffi quelques hommes profonds, mais
peu fenfibles, n'attendent le remede du mal que de
fon excès, que tout ce qui peut l'adoucir fera toujours préféré par les efprits modérés & les cœurs
bien faits. — Les caiffes d'efcompte font donc,
fous bien des afpects, des établiffemens précieux qui
méritent intérêt & faveur.

Mais plus ils en font fufceptibles par l'utilité dont
ils peuvent & doivent être au public, & plus il
importe qu'ils foient adminiftrés d'après des regles
invariables qui en perpétuent les avantages, & qui
en écartent les abus. Nous examinerons dans cet
ouvrage ceux auxquels la caiffe d'efcompte établie à
Paris fe trouve expofée par la nature des chofes ;
& nous chercherons les moyens de les prévenir ou
d'y remédier. Commençons par donner une idée
fuccincte mais précife de fa conftitution, & par
établir quels font les droits du public fur cette banque.

CHAPITRE II.

Inflitution de la Caiffe d'Efcompte. Quels font les droits du Public fur cette banque.

La caiffe d'efcompte eft un établiffement formé pour avancer fous la déduction de l'intérêt le montant des lettres de change qui ont encore du tems à courir avant leur échéance, C'eft cette déduction qu'on appelle *Efcompte*.

Le fonds de cette banque a été fait par actions, Il fut d'abord de douze millions (1) ; c'eft à-dire , du produit de quatre mille actions pour chacune defquelles on remit à la caiffe 3000 liv.

Pieces juftificat., Nº. 11.

Ce fonds a été augmenté depuis de 5,500,000 l. favoir : deux millions provenans des bénéfices mis

Pieces juftificat., Nº. vi.

_____

(1) La compagnie qui demanda au gouvernement d'autorifer l'entreprife de la caiffe d'efcompte, s'étoit engagée à lui prêter 10 millions à 4 pour 100, remboursables en treize ans. Outre ces fonds qu'elle devoit fournir au tréfor royal, le premier Juin 1776, la caiffe en deftinoit un de 5 millions, foit pour l'efcompte, foit pour faire le commerce des matieres d'or & d'argent. Le prêt des 10 millions n'ayant point été effectué; le fonds de 15 millions fut réduit à 12. Au refte, la caiffe d'efcompte n'a point de privilege exclufif. Voy. *Pieces juftificatives*, Nº. 1, 11 & 111.

en réferve par les anciens actionnaires, & de trois millions ⅞ provenans d'une création nouvelle de 1000 actions de 3500 liv. chacune, création faite à la fuite d'une crife dont nous aurons occafion de parler. Le fonds actuel (1) de la caiffe d'efcompte eft donc de dix - fept millions & demi de liv. appartenans aux porteurs de 5000 actions, chacune de 3500 liv.

La caiffe d'efcompte jouit de la faculté d'acquitter les valeurs qu'on lui donne avec des billets de confiance payables aux porteurs en écus à l'inftant où ils le defirent. Ces billets circulent dans le public comme des efpeces; mais perfonne ne peut être contraint à les recevoir de qui que ce foit en paiement.

Enfin la caiffe d'efcompte reçoit & paye pour les commerçans, ou pour les particuliers qui jugent à propos d'y tenir leurs fonds; & cette banque eft fous ce point de vue un dépôt où chacun peut tenir gratuitement fon argent.

Ainfi les bénéfices de la caiffe réfultent de l'efcompte qu'elle retient fur les lettres de change non échues, que les banquiers, ou tous autres porteurs defirent d'y convertir en argent comptant. Ces bénéfices font d'autant plus grands qu'elle met en circulation plus de billets de confiance, & que l'argent dépofé dans

_____

(1) Ce fond a été entamé d'un peu plus de 100,000 liv. par le dividende exagéré de 150 liv. réfultat du partage au dernier femeftre.

ſes coffres par les particuliers devient plus conſidérable ; parce que cet argent n'en ſortant pas au
même inſtant où il y eſt apporté , fait partie de la
maſſe générale d'eſpeces & de billets dont la caiſſe
retire des intérêts par le moyen de l'eſcompte.

On préſente tous les ſix mois à l'aſſemblée générale des actionnaires le compte détaillé des bénéfices ; & l'on forme de ces bénéfices un dividende
dont ſe fait alors la répartition. Ce dividende eſt
l'intérêt que chaque action rapporte tous les ſix mois
à ſon propriétaire.

Pieces
juſtificat.,
Nº. I. La caiſſe d'eſcompte eſt ſoumiſe à des ſtatuts
homologués par le conſeil d'état. Ces ſtatuts ſont
conſignés dans divers arrêts ſucceſſifs. Les autres
regles d'adminiſtration plus particuliérement relatives au méchaniſme de ſes opérations ont été dé-
Voy. Pie-
ces juſtif.,
Nº. XI. terminées par l'aſſemblée des actionnaires ; elles ſont
renfermées dans des réglemens intérieurs auxquels
l'autorité n'eſt point intervenue, que le public ne
connoît pas , & qui ſe trouvent à la fin de cet
ouvrage.

On voit au premier coup-d'œil que les titres de
la caiſſe d'eſcompte à la faveur générale ſont fondés
ſur ſon utilité , & qu'ainſi le public a pluſieurs droits
ſur cette banque : il eſt aiſé de déterminer ces droits.

Qu'eſt-ce que la caiſſe d'eſcompte ? Nous l'avons
dit : une caiſſe de ſecours. Quels ſont ces ſecours ?
Des moyens de faciliter les paiemens dans le commerce, ou, ſi l'on veut, les échanges. Tout le

commerce, en général, doit donc avoir part à ces
fecours, à ces facilités; & c'eft une obligation d'autant plus étroite pour la caiffe, que tout le commerce en général partage les rifques auxquels elle
peut expofer ceux qui font porteurs de fes billets.

Cette obligation ne feroit pas remplie, fi l'on
concentroit les fecours de la caiffe dans la claffe des
gens à grandes affaires, fous le prétexte qu'ils doivent jouir d'une préférence, attendu l'opinion qu'on
a de leur folidité, & que d'ailleurs ils reverfent ces
fecours fur les commerçans & les marchands d'un
ordre inférieur.

Sans examiner c..... la véritable acception du
mot *folidité* en affaires de commerce, nous dirons
feulement ici qu'une telle préférence feroit contraire
aux devoirs de la caiffe & au but de fon inftitution.
Par un effet ordinaire de l'intérêt perfonnel, fans
lequel il n'y auroit point de commerce, les gros
négocians n'aident les petits qu'en leur vendant
leurs fervices. Les faveurs de la caiffe feroient donc
pour les premiers un vrai privilege exclufif qui pri-
veroit de fes fecours la claffe des gens d'affaires qui
en a le plus befoin, & qui doit y puifer dans la
proportion qu'affigne à chacun fa folidité. Nous ne
balançons donc pas à mettre au premier rang
des devoirs de la caiffe d'efcompte, celui de répandre directement fes fecours fur tous les commerçans ou les particuliers dignes de confiance auxquels
ils peuvent être utiles.

Non-feulement la caiffe d'efcompte doit au commerce cette impartialité & cette bienveillance univerfelle dans la diftribution de fes fecours ; mais elle les lui doit encore à un bas intérêt, puifque telle eft la condition, &, pour ainfi dire, le gage de fon exiftence. Suivant l'article III de l'arrêt du Confeil du 7 Mars 1779 concernant l'adminiftration de la caiffe, l'efcompte a été fixé à 4 p. $\frac{0}{0}$ en tems de paix & 4 $\frac{1}{2}$ en tems de guerre.

Sur quoi nous obferverons en paffant que l'on ne voit pas bien clairement pour quelle raifon l'efcompte doit être plus cher en tems de guerre. L'effet de la guerre fur le commerce eft de rendre tout plus dangereux, plus difficile, plus difpendieux. Pourquoi renchérir les fecours au commerce dans une circonftance où fes frais augmentent ? Eft-ce parce que les rifques de la caiffe font plus grands ? Mais ce n'eft pas en augmentant les frais des commerçans qu'on les rend plus folides. D'ailleurs, ce n'eft pas ce furhauffement d'intérêt qui fait la fûreté de la caiffe dans les tems critiques. C'eft une plus grande attention dans le choix des lettres de change, une diminution de l'échéance à laquelle on les reçoit, &c. ; & comme le gouvernement eft fur les rangs pour les befoins d'argent, ne faut-il pas au contraire redoubler d'induftrie pour en faire baiffer l'intérêt ? Eft-ce dans un tems où les dépenfes font infinies qu'il faut en aggraver le fardeau ?

Quoi qu'il en foit, 4 pour $\frac{0}{0}$ en tems de paix &

4 $\frac{1}{2}$ en tems de guerre ; tel eſt l'eſcompte ſtatué par l'arrêt du 7 Mars 1779 (1). Sans doute il eſt de juſtice étroite, & même il eſt de l'intérêt évident de la caiſſe que le public jouiſſe de cet avantage, puiſque la diminution du prix de l'argent eſt ce qui doit principalement concilier à cette banque la faveur du gouvernement & de la nation.

Le public a droit encore de demander à la caiſſe d'eſcompte d'examiner tellement la nature des opérations qui ſe font ſous ſes yeux & par ſon crédit, qu'ils ne concourent jamais à des ſpéculations étrangeres aux dépens de l'induſtrie nationale ; ce qui arriveroit infailliblement ſi cette banque étoit dirigée par des adminiſtrateurs marchands, ou plutôt agioteurs, avant d'être citoyens.

Enfin le public a droit d'exiger que la caiſſe d'eſcompte ne perde jamais de vue la ſolidité de ſes opérations, & même qu'elle y ſacrifie toute autre conſidération. Cette banque poſſede en dépôt la fortune d'une multitude de particuliers. Elle a mis

_____

(1) Celui du 23 Novembre 1783 n'y a point dérogé dans l'article v, où il prononce que l'eſcompte ne pourra excéder 4 p. $\frac{0}{0}$ pour les lettres à 30 jours, & 4 $\frac{1}{2}$ pour celles de 30 à 90 jours. Au reſte, nous dirons ici, de peur de n'en pas retrouver la place, qu'il étoit tems de faire jouir le public depuis un an de l'eſcompte à 4 p. $\frac{0}{0}$, & que l'adminiſtration le devoit d'autant plus que les actions étoient parvenues à un prix bien ſupérieur à leur capital primitif.

dans des milliers de mains de tout rang , de tout
état & de toute efpece de facultés , des papiers
qui repréfentent les propriétés , les moyens de
fubfiftance de tous les individus qui lui ont livré
leur confiance. Cette banque peut donc, par une
mauvaife adminiftration , par une foif ardente de
bénéfices rapides , caufer les plus grands malheurs
dans l'état. Dès lors tout céde à la néceffité d'un régime , qui , autant que la puiffance humaine puiffe
s'étendre , rende ces malheurs improbables , pour ne
pas dire impoffibles.

Certainement les actionnaires eux - mêmes n'ont
pas un autre intérêt véritable ; mais quand des fpéculations féduifantes inviteroient à une théorie plus
relâchée fur les devoirs de la caiffe ; c'eft à ceux
qui font ou qui veulent devenir actionnaires à fentir ,
que cette banque fe doit avant tout au public , & à
mefurer d'après ce principe fondamental de fon exiftence quelle doit être la valeur des actions. S'ils y
manquent , fi le lucre du moment les aveugle ;
s'ils font fans efprit public dans une chofe que l'efprit public a feul produit , & qu'il doit feul diriger ,
quels regrets , quels égards , quel intérêt méritent-
ils ? A quel titre pourroient-ils exiger qu'on livrât la
fortune publique , & le crédit de la nation à la
merci des fuggeftions de leur cupidité ?

La caiffe d'efcompte n'eft pas , elle n'a jamais
été deftinée à doter les actionnaires de la fortune ,
que , dans les délires de leurs fpéculations individuel-

les, ils pourroient defirer. En préparant des gains lé-
gitimes à ceux qui concourroient de leurs fonds &
de leur induftrie à une inftitution utile , comment
auroit-on eu deffein de travailler exclufivement pour
quelques hommes qui fe fuccedent rapidement les
uns aux autres par le trafic des actions ? Les actionnaires de la caiffe d'efcompte ne font pour le gouvernement & pour le public qu'une abftraction , &,
pour parler ainfi , qu'une perfonne morale conftamment la même , dont le premier intérêt eft que
la caiffe foit folide & durable , c'eft-à-dire , utile. Or
les bénéfices les plus modérés font inconteftablement
ceux qui conviennent le mieux à ce but ; & ils n'en
font pas moins la fource d'une richeffe immenfe
dans leur perpétuité.

Examinons dans quelles erreurs les adminiftrateurs de la caiffe d'efcompte peuvent tomber , & à
quels dangers ils expoferoient la banque dont la di-
rection leur eft confiée , s'ils confidéroient les actionnaires fous un autre point de vue.

CHAPITRE III.

*Des erreurs qui peuvent diminuer l'utilité de la
Caisse d'Escompte, ou même rendre cette Banque
dangereuse.*

Nous venons de voir que la vraie destination de la
caisse d'escompte est d'accorder des crédits soit aux
commerçans, soit aux particuliers, en escomptant
des lettres de change qui ont du tems à courir. Nous
allons montrer que ces crédits, la nature de ces
lettres, le choix qu'en font les administrateurs seroient
une source d'erreurs, d'abus & de fautes, s'ils ne con-
sultoient que l'impatiente avidité des actionnaires.

Il ne faut pas oublier que les actionnaires, ou
plutôt les marchands d'actions; (c'est-à-dire ceux qui
les vendent & les achetent sans cesse; car pour
mériter le nom d'actionnaire ou de co-propriétaire
de la caisse, il faudroit avoir pour principe invariable de conserver ses actions :) il ne faut pas oublier, dis-je, que les marchands d'actions ont intérêt à en faire monter le prix pour en rendre le
commerce lucratif, & qu'ils n'ont par conséquent
dans leurs rapports individuels, d'autre desir à former
que d'obtenir de forts dividendes; c'est-à-dire de
voir augmenter les bénéfices, ou d'accréditer l'opinion
qu'ils seront considérables; puisque le dividende de
chaque

chaque femeſtre ſe détermine ſur ces bénéfices, & que le public évalue l'action d'après ce dividende.

On voit donc au premier coup-d'œil que les intérêts du bien général peuvent être très-contraires à l'intérêt momentané des marchands d'actions. On voit que ſi les adminiſtrateurs de la caiſſe d'eſcompte épouſoient en ce ſens les paſſions & les vœux des actionnaires, & qu'ils fuſſent plus occupés de hauſſer les actions & de faire vanter à ce prix leur adminiſtration, que de la ramener ſans ceſſe à l'eſprit public, qui doit en être le guide éternel, on voit qu'ils s'expoſeroient à de grandes erreurs. Leur attention preſqu'entiérement portée ſur la multiplication des bénéfices ſe relâcheroit ſur toutes les autres convenances, & le véritable beſoin de la caiſſe, celui de s'affermir pour mieux remplir ſon but, feroit bientôt oublié.

Ce feroit ſur-tout en préſumant trop de ſes reſſources que la caiſſe d'eſcompte auroit à courir de grands dangers, & cette fauſſe préſomption nous paroît le réſultat preſque infaillible d'une adminiſtration qui ſe gouverneroit par l'intérêt iſolé des marchands d'actions.

On ne ſauroit trop le dire, parce qu'en général on ne le fait point : Paris n'eſt pas une ville commerçante. La circulation y eſt immenſe à la vérité, & par conſéquent, des caiſſes d'eſcompte y ſont utiles ; mais il n'en eſt pas moins vrai que Paris n'eſt pas une ville commerçante. Pour peu qu'on ait quelques notions du commerce général, on eſt convaincu que cette immenſe capitale ne ſauroit, à cet égard, ſe comparer avec les grandes étapes, telles que Londres, Amſterdam, Bordeaux, Marſeille, &c.

On peut ranger ſous trois claſſes les affaires qui ſe font à Paris (1).

La premiere renferme ce qui a rapport aux objets de conſommation, & ce ſont là les affaires de commerce les plus ſolides. Les bénéfices y ſont plutôt dûs à une rétribution généralement conſentie & accordée aux négocians pour prix de leurs riſques & de leurs peines, qu'aux variations que ces négocians occaſionnent. Ces affaires ſont d'ailleurs aſſujetties à tant de formes & de détails qui entraînent la publicité, que des entrepriſes trop fortes ou mal conçues échappent rarement aux yeux intéreſſés à les connoître.

La ſeconde claſſe renferme les acceptations de lettres de change pour le compte de la province ou de l'étranger; & ces affaires, quoique la plupart appuyées ſur un commerce de marchandiſes, ne ſont pas auſſi clairement ſolides que celles dont nous venons de parler. Leur ſiege étant plus ou moins éloigné de la capitale, il eſt difficile de les con-

_____

(1) Voyez à cet égard un pamphlet qui a paru cette année à Paris, ſous le titre de *Dialogue ſur la Caiſſe d'Eſcompte entre un Pariſien & un Lyonnois.*

noître auſſi bien que les premieres, & de diſtinguer les opérations ſuſpectes qui s'y introduiſent; ce qui rend les criſes auxquelles elles ſont ſujettes plus difficiles à prévoir.

La troiſieme claſſe ſe compoſe des titres qui repréſentent les emprunts de l'Etat, ceux des particuliers, les actions de diverſes compagnies chargées de grandes entrepriſes, &c., &c. Ces affaires qui n'exigent aucun travail pénible, aucun appareil oſtenſible, rien d'embarraſſant, ni de coûteux, & qui par cela même ſont fort atttayantes, ces affaires ſont évidemment les plus dangereuſes de toutes. Les bénéfices comme les pertes en ce genre tiennent à l'opinion, trop ſouvent dirigée par les caprices de l'imagination, ou par la ſéduction des paſſions. C'eſt un jeu qu'on peut aiſément porter à des ſommes prodigieuſes, & dont les variations dépendent preſque uniquement de ceux qui ſavent multiplier les occaſions de vendre ou d'acheter en agitant tour-à-tour la crainte & l'eſpérance.

Les affaires de la premiere claſſe ſont fort limitées à Paris. Le génie le plus fécond ne ſauroit les étendre beaucoup au delà des conſommations de cette capitale, & des produits actuels de quelques manufactures de luxe que la grande population, preſque toujours accompagnée de l'aviliſſement du prix de la main-d'œuvre, permet d'y exploiter. Cette précieuſe branche de commerce ne ſauroit donc fournir à la caiſſe une grande quantité de lettres de change.

Les affaires des deux autres claſſes s'exerçant ſur un fonds inépuiſable, peuvent être conſidérées comme n'ayant point de bornes. Jamais il ne s'en eſt autant fait, & leur augmentation depuis le mois de Juillet 1784, ſurpaſſe de beaucoup l'opinion qu'ont dû s'en former les plus clair-voyans ſpéculateurs. Si elles doivent s'étendre encore, les dangers qui les accompagnent ne peuvent que ſe multiplier. Il ſeroit donc imprudent de les regarder comme une mine inépuiſable de bonnes lettres de change, comme une reſſource conſtante ſur laquelle on puiſſe aſſeoir avec ſolidité un accroiſſement perpétuel de bénéfices pour la caiſſe. Remarquez d'ailleurs, qu'indépendamment des grandes révolutions auxquelles elles ſont ſujettes, pluſieurs des objets qu'elles embraſſent peuvent prendre fin, ſans qu'il ſoit poſſible d'entrevoir ce qui les remplacera.

Nous tenons d'autant plus fortement à notre opinion ſur l'imprudence qu'il y auroit à calculer la probabilité future des dividendes d'après les affaires de ce genre, qu'il eſt impoſſible de voir ſans inquiétude la fureur avec laquelle on ſe précipite dans le jeu des effets; ſpéculation redoutable, qui, plus que toute autre, provoque les délires de l'imagination, & paroît s'y prêter.

Il ne faut pas douter qu'entre autres cauſes, la facilité de l'eſcompte n'ait beaucoup animé ce jeu extraordinaire & dénué de tout motif ſolide. On ne voit pas ſans étonnement & même ſans terreur,

que fon principal fondement eſt dans l'opinion contagieuſe que tels effets prenant faveur, cette faveur
doit augmenter de plus en plus ; que l'enthouſiaſme s'en mêle ſans conſidération du profit eſſentiellement attaché à la nature de l'entrepriſe de laquelle naiſſent ces effets, & ne voit que l'augmentation produite ſur ces effets mêmes par la ſeule
ardeur d'en acheter. En un mot, chacun compte
ſur l'avidité de ſon voiſin, & réciproquement. Ce
preſtige s'eſt d'autant plus étendu & nourri, que les
banquiers qui jouiſſent de la préférence de l'eſcompte, entrent dans ces marchés en ſe prêtant à la
circulation qui les favoriſe.

D'ailleurs, Paris étant le ſiege des emprunts du
gouvernement, la ville où les paſſions prodigues
ſont le plus en fermentation, celle où l'on a le
plus grand beſoin & la plus vive tentation de
faire fortune, & ſur-tout de la faire promptement,
l'induſtrie y invente mille combinaiſons entiérement
deſtituées d'une baſe ſolide, en ſorte qu'il faut une longue expérience faite par des hommes déſintéreſſés,
attentifs, bons calculateurs, pour apprécier dans leur
continuité les bénéfices auxquels la caiſſe d'eſcompte
peut prétendre conſtamment en n'eſcomptant que de
très-bonnes lettres de change.

Un tel état des choſes entraîne avec lui de très-
grands dangers, ſi la raiſon ſe fortifiant de l'eſprit de
calcul ne prévient pas les criſes qu'il doit produire :
prenons pour exemple ce qui ſe paſſe ſous nos yeux.

Les actions de la banque de Madrid forment
dans ce moment, fur la place, un objet de fpéculation très-animée, duquel réfultent fans doute beaucoup de circulations foutenues à l'aide de la caiffe
d'efcompte. Paris offre à cet égard un fpectacle abfolument nouveau & vraiment inexplicable. Affurément il eft peu d'inventions politiques plus étranges
que l'établiffement d'une banque d'efcompte faifant
circuler des billets de confiance dans un pays où,
loin qu'il faille fuppléer à la difette du numéraire,
l'affluence des métaux que le Nouveau Monde y
verfe eft un des revenus publics, &, pour ainfi
dire, la principale récolte de l'Etat. Quoi qu'il en
foit, on n'a jamais vu les papiers d'une banque étrangere, foumife à une adminiftration étrangere, fous
une puiffance étrangere, & dont les fuccès dépendent d'un ordre de chofes abfolument hors de la
portée de Paris & de l'influence des Parifiens comme de leur jugement, on n'a jamais vu, dis-je,
de tels effets devenir l'objet de l'enthoufiafme de
ces mêmes fpéculateurs qui n'en peuvent eftimer la
valeur que fur des *oui-dire*, & qui n'ignorent certainement pas que les habitans du royaume & de
la ville où cette banque eft établie, font bien loin
d'en avoir la même opinion. Les chofes en font
venues au point que les Parifiens, fans fortir de
Paris, prétendent montrer aux Efpagnols l'eftime
qu'ils doivent faire de leur propre banque, & déterminer, malgré eux, la valeur que doivent avoir

les actions de cette banque ; je m'entends bien,
quand je dis *malgré eux* : car le cours des actions
se fixe maintenant à Madrid, non pas d'après l'o-
pinion qu'on y a de la banque, mais d'après celle
qu'on s'en fait à Paris, & selon que les courriers
extraordinaires l'établissent.

Et quel est donc l'effet naturel de cette bizarre-
rie ? Les François deviendront les propriétaires de
la banque de Madrid ; & les Espagnols, directeurs
de cette banque, resteront maîtres de faire ce qu'ils
jugeront à propos de cette propriété. Or, blâmeroit-
on ceux-ci de chercher par des dividendes modérés
à faire revenir avec avantage ces actions dans leurs
propres mains ? Il faudroit, pour que cela n'arrivât
pas, que les Espagnols se piquassent d'une délica-
tesse vraiment romanesque, ou plutôt stupide dans
l'état de guerre où est le commerce d'individu à
individu, &, à plus forte raison, de nation à nation (1).

_____

(1) Comment ne sent-on pas que les dividendes qu'un
pays retire d'un autre sont un tribut que celui-ci lui paie ?
Et comme ici ce n'est pas le pays qui reçoit le tribut qui le détermine, comment ne sent-on pas que l'Espagne est intéressée
à fixer très-bas ses dividendes, tant qu'une grande partie
de ses actions est en pays étranger ? D'ailleurs, si la banque de Madrid est sage, elle fera des économies ; & pour
qui seront-elles ? Il est même très-probable que les Espagnols jouent déjà au plus fin avec les spéculateurs François : ils reglent la valeur de leurs actions sur leur cours

Mais voici de quoi donner le dernier coup de pinceau à la légéreté avec laquelle on joue fur les actions de tout genre, & montrer combien l'imagination humaine peut s'allumer fur des objets qui lui offrent des bénéfices à venir.

Tout le monde fait que MM. Perrier ónt entrepris de fournir des eaux à la ville de Paris, au moyen de pompes à feu. Cette entreprife très-utile, conduite jufqu'ici avec une grande fageffe & une perfévérance vraiment courageufe, mérite fans doute de grands éloges ; & fi le haut prix que l'on paie

à Paris, en ménageant toutefois un bénéfice confidérable à ceux qui les envoient en France. Il y a 150, 000 actions de la banque de Madrid, fans compter celles qu'elle doit créer encore. Ces actions ont été créées pour 2000 réaux, il refte 25000 actions à placer. La banque vient de diftribuer 4000 de ces 25000 reftantes, au prix de 2500 réaux, c'eft-à-dire, à 625 l., fur ce qu'elle a appris qu'on les vendoit à Paris au deffus de 700 l., & elle fe réferve d'augmenter le prix des autres fuivant les nouvelles qu'elle recevra de France, ajoutant, au refte, à cette manœuvre adroite la jonglerie de déclarer que, dorénavant, c'eft-à-dire, à préfent qu'il y a une quantité énorme de fes actions en France, les dernieres ne feront plus que p our les Efpagnols.

Il refte à voir comment les fpéculateurs de Paris perfuaderont à la banque de Madrid, que pour foutenir le prix de fes actions, elle, doit donner un haut dividende. Il refte à voir auffi comment les directeurs de cette banque envifageront la théorie des dividendes dans fon rapport avec la permanence & la folidité de leur établiffement. Répétons toujours qu'il eft bien étrange que la grande opinion des

en ce moment de ces actions étoit au profit des
fonds destinés à l'exploiter , rien ne seroit plus
heureux ; mais il n'en est pas ainsi. Ces fonds ont
été levés par actions de 1200 liv. en leur attribuant
le bénéfice de l'entreprise ; aucun empressement à se
procurer ces actions ne s'est manifesté d'abord ; au
contraire, elles ont été offertes au dessous du prix
de leur création ; on dit même qu'il s'en est vendu
à 800 liv., il est certain du moins que les entrepreneurs & les premiers actionnaires ont été plu-

---

bénéfices de cette banque s'établisse à Paris , & que les Espagnols, qui l'ont sous leurs yeux, ne sachent pas encore
s'en faire une idée. Est-ce défaut de lumieres ? Non certainement : car faire entrer dans la banque, aux dépens des
étrangers, une partie des bénéfices qu'enfante l'imagination de ceux-ci, n'est pas si lourd. Cette banque avoit créé
ses actions pour 2000 réaux ; elle les vend à son profit
2500, à présent qu'un beaucoup plus grand nombre d'actionnaires participant aux dividendes doivent nécessairement
ou les diminuer, ou les empêcher de s'accroître.

Et comment ne le douteroit-on pas que la banque de
Madrid commençant par de hauts dividendes, ainsi que la
caisse d'escompte de Paris a fini, la banque de Madrid finira
par de bas dividendes, comme la caisse d'escompte de Paris
a commencé ? Ces deux procédés appartiennent au même
systême, & s'exécuteront d'une maniere tout-à-fait semblable,
c'est-à-dire, par l'intérêt des administrateurs : car de même que
les administrateurs François ont fait monter les dividendes pour
vendre bien cheres les actions qu'ils avoient accaparées à
bon marché , de même ceux de Madrid baisseront les dividendes pour racheter à bon marché les actions qu'ils ont
vendues bien cher.

fieurs fois expofés à voir arrêter leurs travaux, &
cela feroit fans doute arrivé, fi le gouvernement n'é-
toit pas venu au fecours de cette compagnie en lui
prêtant la valeur de 1000 actions. Ce fecours bien
connu fit à peine fenfation dans le public, & il n'a
pas empêché que les adminiftrateurs de cette entreprife n'aient encore jugé néceffaire dans leurs dernieres affemblées de porter à 4000 le nombre des
actions qu'on avoit préfumé dans l'origine ne devoir pas excéder celui de 1900. Ces 1900 actions
font les feules qui, en Janvier dernier, aient reçu
un dividende de 18 liv., c'eft-à-dire, 1 ½ p° du capital de l'action. C'eft le premier dividende depuis
l'établiffement. Eft-il réfulté des bénéfices nets de
toutes les charges, de toutes les dettes qu'a contracté la compagnie, ou n'eft-ce là qu'un procédé
politique ? On n'en fait rien : quoi qu'il en foit,
dorénavant le dividende devra être réparti fur 4000
actions au lieu de 1900.

Un fi foible dividende eft fans doute loin d'être
étonnant. Les entreprifes de ce genre ont une longue enfance ; elles ne peuvent pas donner d'abord
de grands bénéfices, parce que les frais d'établiffement font faits en vue d'une confommation qui ne
peut s'établir que très-lentement ; & par cela même,
elles n'en plaifent que plus aux efprits fages.

Mais par quelle force d'imagination, par quel
prodige foudain, ces actions qui ne valoient que 1200
liv. dans les deux premiers mois qui ont fuivi l'af-

femblée où le dividende a été fixé, font-elles montées tout-à-coup à 4000 liv. dans le court efpace
de deux ou trois jours, & fe foutiennent-elles encore
à 2400 liv.?... Voilà ce qui eft inexplicable.∴.
Quelle nouvelle lumiere, quel réfultat inconnu a
frappé le public ou les fpéculateurs? Aucun, abfolument aucun. On favoit depuis long-tems que le
but de cette entreprife étant de fournir des eaux à
Paris, le bénéfice en augmenteroit infailliblement
avec leur diftribution, dans une proportion plus grande
que l'augmentation des frais. S'eft - on apperçu de
quelque erreur de calcul dans ces bénéfices incon-
nus qui en promette davantage? Non, tout eft dans
le même état ; & même en calculant que chaque
année les diftributions d'eau augmenteront d'une
quantité égale à celle qui a eu lieu depuis deux ans,
& qu'aucun accident imprévu ne viendra troubler
le rapport de cette progreffion avec les frais qu'elle
occafionne, il faut au moins cinq années avant que
de pouvoir tirer 60 liv. de dividende, c'eft-à-dire,
un intérêt de 5 p $\frac{0}{0}$ du capital de l'action à 1200
liv. Il y a' plus : comme il fera indifpenfable de conf-
truire d'autres pompes, & que les frais en feront
très-confidérables, il y aura néceffairement de longs
retards dans l'accroiffement des bénéfices ; & l'ad-
dition de l'intérêt de l'argent qu'on débourfe en
achetant une action aujourd'hui, la rendra très-chere
jufqu'à ce qu'elle ait atteint le période fortuné, jufqu'à ce que ces dividendes puiffent être de quelque

conféquence, fi pourtant rien dans les futurs contingens ne doit troubler cet heureux événement (1).

Qu'eft-ce donc encore une fois qui a occafionné
une fi grande recherche de ces actions, que tout
calcul comparatif de ce qu'elles peuvent rendre à ce
qu'elles coûtent eft entiérement négligé ? L'argent
eft - il tellement abondant qu'on n'en trouve plus
d'emploi ? Non : les fonds du gouvernement offrent

_____

(1) Les efforts mêmes de l'enthoufiafme qui fe déclare fi
fubitement en leur faveur, & qui n'eft que de la cupidité
déguifée, peuvent & doivent le troubler ; & nous ne dou-
tons pas que les véritables amis de cette entreprife inté-
reffante, lors même qu'elle ne feroit pas lucrative, ne s'in-
quiétent de tous les projets qu'enfante déjà le haut prix de
leurs actions, pour y affocier des fpéculations qui ne peuvent que la compliquer & l'embarraffer : par exemple, on
parle déjà de joindre à l'entreprife des pompes à feu celle
des pavés de Paris, & celle d'affurer les maifons contre le
feu ; & fur ce bruit feul, les actions s'élevent en ce moment à près de 3000 liv. : tant la crédulité du public fur
les gains poffibles offre des gains incalculables ! Il femble,
que dis-je ? il eft de fait que cette crédulité s'accroit à proportion que l'efpoir de gagner eft plus douteux, & repofe
fur des chofes plus difficiles à comprendre : faut-il, après
cela, s'étonner des folies du fyftème ?

Joindre l'entreprife des pavés à celle des pompes ! ... Eft-
ce parce qu'il faut de tems en tems lever des pavés pour
placer ou raccommoder des canaux ? Mais peut-il y avoir
fur cela une économie affez importante pour dédommager
d'un tel embarras & des nouveaux fonds qu'il exige ? Parce
que l'eau éteint le feu, faut-il néceffairement en conclure

encore des intérêts qui ne s'accroiſſent pas à la vérité, mais qui, par leur force & leur conſtance, pro-
duiront à la fin un capital dont la rentrée ſurpaſſera
ce que rendra jamais l'action des eaux au prix où
on la paie, quelque heureuſe, quelque bien conduite que puiſſe être cette entreprise..... Il faut
en convenir, le jeu ſur les actions de la caiſſe d'eſcompte a tout fait; il a donné la fureur contagieuſe de mépriſer le certain pour courir après l'in-

---

qu'une compagnie qui fournit de l'eau doit être en même
tems garant du dommage des incendies? Il faudra donc créer
de nouvelles actions, & le capital néceſſaire pour établir un
fonds de reſponſabilité capable de donner confiance à ceux qui
voudront faire aſſurer leurs maiſons, n'eſt pas de petite conſéquence. D'un côté, la valeur conſidérable des maiſons exige de
grands dépôts de fonds, & de l'autre, le prix de l'aſſurance
qui procurera l'intérêt de ce fonds ne peut être que très-mé-
diocre; parce qu'il ne doit être calculé que ſur le riſque très-
petit d'avoir le toit de ſa maiſon brûlé... De bonne foi,
eſt-ce à Paris, où les incendies ſont très-rares, où le dommage eſt toujours très-petit par la promptitude des ſecours,
où les accidens ſeront toujours moins fréquens & moins
fâcheux par les progrès dans l'art de bâtir & par l'abondance des matériaux qui arrêtent l'action du feu, eſt-ce,
dis je, à Paris qu'une compagnie d'aſſurance pour le feu
peut s'établir avec ſuccès? A Londres, il eſt vrai, on
compte pluſieurs compagnies de ce genre; mais les maiſons y ſont combuſtibles à l'excès; les incendies y ſont fréquens & terribles, & ſous aucun aſpect, on ne peut conclure de Londres à Paris pour le fait des aſſurances contre
le feu.

certain ; avec toutes les illusions du système il a fait
renaître tous les astuces qui les entretenoient. Beaucoup de gens ayant ensuite gagné au moyen de l'enthousiasme , beaucoup de gens veulent gagner au
moyen de l'enthousiasme , & cela suffit pour faire
hausser le prix d'un effet en dépit du bon sens &
du calcul... Mais comment ne pas prévoir que le
prestige sur lequel toutes ces affaires roulent se dissi-
pera , que les calculs du bon sens reprendront enfin
leur empire , & n'est-il pas évident que des pertes
considérables suivront le réveil ?

Ces exemples rares & , par cela même , plus précieux & plus instructifs , démontreront à tout obser-
vateur qui voit des scenes si étranges se succéder rapidement , que les dangers qui environnent une banque située à Paris sont loin d'être chimériques , &.
qu'il seroit bien imprudent de se déterminer sur
l'évaluation des bénéfices constans d'une banque de
secours dans des circonstances pareilles.

Ces dangers méritent d'autant plus d'attention
qu'une multitude d'agens ou de courtiers font de l'art
d'animer toutes les sortes de spéculations , l'ins-
trument de leur propre fortune , & qu'ainsi leur
âpreté vient concourir avec celle des spéculateurs.
Les courtiers font aux affaires ce que les tables de jeu
font aux joueurs. Multipliez-les, le jeu & les affaires se multiplieront ; mais il y a cette différence ,
qu'une table & des cartes laissent les joueurs du
moins à leur propre jugement , tandis que dans le

Jeu de l'agiotage on ne voit que par les yeux des
courtiers (1) qui ont mille moyens pour multiplier
les affaires. On feroit un volume des subtilités &
des rufes qu'un grand nombre d'entr'eux mettent
en ufage au milieu de la fermentation qu'ils occa-
fionnent. Et comment en feroit-il autrement, dès
qu'ils fe multiplient chaque jour, dès que tant d'ima-
ginations mobiles courent au devant de toutes les impreflions qu'ils produifent, & que ces impreflions font
pour les courtiers une fource de bénéfices, quel que

_____

(1) Il faut diftinguer les agens de change des courtic·s.
Les premiers ont le droit de traiter les affaires ; ils ont
une commiffion fanctionnée par le gouvernement ; ils l'ont
payée. Les autres font des intrus qui trouvent de l'emploi, parce que tout homme ouvre l'oreille à tout homme qui
lui propofe une affaire. Ces deux fortes d'agens font en rivalité.
Les premiers prétendent que la fûreté eft de leur côté, & qu'il
n'y en a point de l'autre. Les feconds répondent en préfentant
tous les jours de nouvelles amorces à la cupidité. On ne peut
guere douter qu'au milieu d'une rivalité fi active les principes rigoureux ne s'altèrent chez les uns & chez les autres. Quel eft le remede ? maintenez inflexiblement l'exécution de tout ce qui fe traite par le miniftere des uns &
des autres ; alors l'expérience inftruira ; elle fera ce que les
ordonnances, les arrêts, les réglemens ne feront jamais ; &
les honnêtes gens, les hommes inftruits lorfqu'ils ne font
pas repouffés & dégoûtés des affaires les éclairent bientôt,
& les font rentrer dans des bornes raifonnables. Alors &
feulement alors, fe diffipe cet effaim de courtiers qui fuivent la fureur du jeu de l'agiotage comme les loups fuivent
les armées.

foit le fuccès des affaires qui fe font par leur entremife ?

Rien ne feroit donc plus imprudent que de fe laiffer éblouir par les fuccès brillans & paffagers qui s'offrent aux banques publiques dans une ville telle que Paris, & comment ne feroit-ce pas une im-prudence, puifque la fituation habituelle du com-merce ordinaire & naturel eft déjà fi orageufe pour le fpéculateur le plus fage & même le plus circonfpect ? L'expérience enfeigne au commerçant que toutes les époques où les affaires ont été confi-dérables, faciles, brillantes, lucratives au delà de toute attente, ont toujours été fuivies d'époques ftéri-les & fouvent défaftreufes. Le champ du commer-ce eft comme celui du laboureur ; il eft fujet aux mêmes viciffitudes.

Quand on pourroit garantir la caiffe d'efcompte des révolutions ordinaires du commerce combinées avec celles auxquelles elle eft expofée par la nature particuliere de fes affaires, quand il ne feroit pas évident qu'on ne doit attribuer qu'à la plus étrange des illufions le prix exagéré de l'action, qui, du mois de Novembre 1783 au moment où nous écri-vons, s'eft élevé à 8000 l. ; que l'efpoir aveugle de chacun des acheteurs de s'en débarraffer bientôt avec bénéfice entre les mains d'un autre acheteur dé-terminé par le même efpoir, a tout fait ; qu'il n'en eft pas un que l'on ne puiffe encore défier, s'il veut être de bonne foi, d'affirmer qu'il achete les actions dans l'efpoir de jouir un jour des brillans deftins que

l'on

l'on promet à la caiſſe ; que les promeſſes qui ont
provoqué l'enthouſiaſme ne pouvoient pas tenir au
plus léger examen de ſes reſſources & des précautions néceſſaires pour l'affermir ; quand on ignore-
roit toutes ces vérités, qu'il eſt facile de démontrer
à la rigueur, l'établiſſement très-poſſible, très-utile,
très-imminent peut-être de banques de ſecours dans
les principales villes du royaume, ne peut-il pas
diminuer bientôt les bénéfices de la caiſſe de Paris ? Les banquiers de la capitale ceſſeroient alors
d'être les agens des circulations dont les villes qui
font un grand commerce de marchandiſes ont beſoin. Il y auroit d'autant moins de lettres de change
& des ſeules véritablement bonnes à eſcompter.

Sans doute les banquiers de Paris tenteront d'empêcher ces établiſſemens ; mais comme ils n'auront
pas une bonne raiſon à donner, tandis qu'il en eſt
une foule d'excellentes à leur oppoſer, leurs efforts
ne réuſſiront probablement pas ; & même ſi une
nouvelle caiſſe ſe formoit à Paris par des capitaliſtes qui ſe fiſſent une loi de ne jamais commercer
leurs actions (1), & de rechercher un bénéfice plus
aſſuré que conſidérable, la principale confiance ſe

_____

(1) Il ſe forme actuellement une caiſſe d'eſcompte à Gênes, dont un des principaux ſtatuts eſt que les actionnaires
ne pourront poſſéder qu'un nombre très-limité d'actions.
On ſent combien cette ſage inſtitution met obſtacle à la fureur, ſi dangereuſe pour les caiſſes d'eſcompte de ſpéculer
ſur les actions, & s'oppoſe à ce qu'il naiſſe de ces ariſto-
crates de banque qui en deviennent les deſpotes & tôt ou
tard les deſtructeurs.   C

tourneroit aifément vers eux. Il n'y a donc pas même
de probabilité que la caiffe d'efcompte de Paris foit
toujours la feule. Aucun privilege , aucune raifon
d'Etat, aucune convenance, ne s'oppofent à ce qu'il
s'en éleve plufieurs autres. La Grande-Bretagne nous
donne à cet égard un exemple frappant. A Londres ,
la banque eft fuppléée par un affez grand nombre
d'établiffemens qui reffemblent plus ou moins à la
caiffe d'efcompte de Paris. Il y en a dans toutes les
villes des trois royaumes. Elles font indépendantes
les unes des autres , & ce font les caiffes ainfi mul-
tipliées qui font fleurir le commerce & les manufactures , en répandant des fecours fur toutes les claffes
de citoyens , & facilitant ainfi ces longs crédits, qui
donnent aux négocians Anglois une fupériorité
marquée fur ceux de toutes les autres nations.

Nous croyons en avoir dit affez pour indiquer combien de fâcheufes erreurs peuvent s'introduire dans
l'adminiftration de la caiffe d'efcompte par un faux
jugement fur la nature de fes reffources, & pour
faire fentir que fi , emporté par le defir de foutenir le prix des actions, on prenoit pour bafe d'u-
ne fixation invariable de dividende proportionné à
ce prix l'état brillant des bénéfices réfultans des affaires actuelles, on montreroit une confiance que rien
ne juftifie encore , & dont la bafe fragile compro-
mettroit l'exiftence même de la caiffe.

CHAPITRE IV.

*Des Dangers auxquels la Caiſſe d'Eſcompte a été
expoſée par l'oubli des principes qui doivent
diriger ſon adminiſtration.*

Rien n'eſt plus propre à faire ſentir les dangers
dont la caiſſe d'eſcompte doit être préſervée que
l'analyſe fidelle des circonſtances dans leſquelles nous
l'avons vue, & qui l'auroient précipitée au milieu
des déſordres les plus irrémédiables, ſi l'autorité ne
l'eût pas rappellée aux bons principes pendant qu'il
étoit encore tems d'y revenir.

Le premier ſymptôme d'imprudence que don-
nerent les adminiſtrateurs de cette banque, ſe ma-
nifeſta lors de la criſe, en 1783.

Les billets de confiance jouiſſoient de la plus
grande faveur ; leur circulation s'étoit établie avec
facilité. On n'appercevoit aucune inquiétude, & les
porteurs de ces billets paroiſſoient avoir la certitude
morale la plus complette qu'ils pouvoient les convertir en écus à l'inſtant même.

Mais les adminiſtrateurs oublierent que cette confiance ſuppoſoit que les écus étoient dans les coffres
de la caiſſe d'eſcompte, ou du moins qu'ils y exiſ-
toient dans une telle proportion avec les billets en
circulation, les lettres de change eſcomptées & les
beſoins de numéraire, que les demandes d'eſpeces

ne pouvoient jamais fe fuccéder affez rapidement pour devenir embarraffantes. Cet oubli fut tel, que pendant les deux mois qui précéderent la cataftrophe, on ne garda en caiffe que de 1,500,000 liv. à deux millions, & beaucoup moins fur la fin (1), tandis qu'il y avoit alors dans Paris dix maifons qui poffédant chacune pour plus d'un million de billets de confiance de la banque de fecours, pouvoient, fans fe concerter & même fans le vouloir, faire manquer l'établiffement.

La rareté du numéraire fe faifoit fentir alors dans tout le royaume. Elle étoit plus grande encore chez l'étranger, & Paris fembloit l'unique fource d'où l'on en pût tirer. Tout invitoit donc l'adminiftration de la banque de fecours à fe tenir fur fes gardes contre le danger de laiffer trop vuider fes coffres; mais au lieu de modérer l'efcompte des lettres de change, il fut pouffé avec encore plus d'activité, & il en réfulta que les billets de confiance furent répandus fans mefure dans la circulation, précifément lorfque la circonfpection à cet égard devenoit plus que jamais néceffaire. Cette conduite inexcufable ne tarda pas à être connue, & l'indifcrétion de quelques commis acheva de dévoiler l'état critique où étoit la caiffe.

_____

(1) Le fait eft fi étrange, que nous avons cru devoir en donner la preuve en imprimant l'état authentique de l'argent qui s'eft trouvé chaque jour dans les coffres de la caiffe d'efcompte, depuis le 1r. Juillet 1783 jufqu'à la fin de 7bre., époque de la crife. — *Voyez cet état aux pieces juftific.*, n°. XII.

Alors la furabondance de l'efcompte augmentant par la feule force des demandes journalieres d'é-cus, produifit à la caiffe une telle affluence de por-teurs de billets pour être convertis en efpeces, qu'à l'inftant même on fe trouva dans l'impoffibilité d'y fatisfaire ; & c'eft dans une telle crife, uniquement occafionnée par l'imprévoyance des adminiftrateurs, qu'ils imaginerent de convertir les billets de con-fiance en papier - monnoie, en obtenant un arrêt qui forçât le public à les recevoir comme des ef-peces... forte de délire vraiment inconcevable, que l'on croyoit n'avoir plus à redouter que des gou-vernemens les plus arbitraires & les plus ignorans (1) !

De fages réglemens, revêtus de la fanction royale, ont pourvu depuis à ce que, dans l'avenir, un tel accès de démence ne pût renaître ; & fi nous le rappellons ici, c'eft pour bien convaincre le lecteur que la crife de 1783 doit uniquement fon origine à l'ignorance abfolue de la méthode avec laquelle on doit ménager les fervices de la caiffe.

_____

(1) Dans le moment des embarras de la caiffe d'efcompte, & au plus fort de la crife, on propofa au miniftere de don-ner cours, pendant un tems limité, aux piaftres, dont il fe trouvoit une grande quantité, foit à la caiffe d'efcompte, foit aux hôtels des monnoies. Il fembloit qu'il ne pouvoit pas y avoir d'inconvénient à cette tolérance, puifque les piaftres font une monnoie qu'on peut convertir à l'inftant en écus par la feule opération du balancier. Cependant M. de Bourgade, directeur du tréfor royal, ne voulut pas con-

Deux circonſtances très-heureuſes & preſque uniquement préparées par le hazard, permirent de ſauver
la caiſſe de l'inconduite de ſes propres adminiſtrateurs, & de rétablir ſon crédit. Il faut noter ces
circonſtances, parce qu'on ne leur a pas accordé
juſqu'ici l'importance qu'elles méritoient.

La premiere, c'eſt que les banquiers de Paris ſe
trouvoient en ce moment dans un état de proſpérité
remarquable. Ils faiſoient depuis ſi long-tems des
profits ſi conſidérables & d'une nature ſi ſolide, que
l'embarras de la caiſſe ne les décontenança pas,
quel que fût le diſcrédit momentané où ils ſe trou-
verent eux-mêmes.

La ſeconde circonſtance favorable, c'eſt qu'on
ſut bientôt que la caiſſe avoit une épargne de deux
millions. Si la ſituation de cette banque montroit
peu de prévoyance, au moins cette épargne annon-
çoit-elle que, juſqu'à ce moment, l'eſprit de modération, qui caractériſoit alors les actionnaires, avoit

---

ſentir à cette opération ; &, comme on le lui a reproché
depuis, il eſt convenu qu'il ne s'y étoit refuſé que vu la forme
des piaſtres, qui, étant quarrées, *ne lui paroiſſoient pas
propres à ſervir de monnoie courante*, c'eſt-à-dire apparemment, *roulante*. En effet, les piaſtres ont été quarrées
autrefois, & M. de Bourgade étoit depuis très-long-tems
initié aux affaires du gouvernement. On voit que ſi M.
de Bourgade n'avoit rien appris dans ſes vieux jours, il n'a-
voit du moins rien oublié de ce qu'il avoit ſu dans ſa jeuneſſe.

fu lui préparer des reſſources contre les pertes, en ménageant la répartition des bénéfices. — Ces deux circonſtances combinées ſauverent la caiſſe d'eſcompte.

Mais étoit-il donc impoſſible que la criſe arrivât dans une de ces époques fâcheuſes, difficiles & preſque périodiques qui affligent le commerce, & qu'au lieu d'avoir fait des économies auſſi conſidérables, la caiſſe eût ſouffert quelques pertes ? Dans une telle ſituation, qui auroit hazardé des ſecours pour la reſtaurer ?

Certes on avoit droit d'eſpérer qu'un événement auſſi remarquable rendroit les adminiſtrateurs circonſpects, & les mettroit en garde contre toute eſpece d'imprudence. Les ſuccès qui depuis ont tourné tant de têtes, n'étoient pas encore bien connus, & la cupidité qu'ils provoquent ſous nos yeux, ne s'étoit laiſſé entrevoir que dans cette inconcevable ſécurité qui aveugloit ſur l'immenſe diſproportion des billets de confiance mis dans la circulation avec les eſpeces qui ſe trouvoient dans les coffres de la banque. Les illuſions qui ont ſuivi ont eu pour objet unique la répartition des bénéfices de la caiſſe, & c'eſt également au ſein de ſon adminiſtration que ces illuſions ont pris naiſſance (1).

_____

(1) Quand nous diſons l'*adminiſtration*, nous ne prétendons pas comprendre la totalité des adminiſtrateurs, parmi leſquels on en connoit d'également recommandables par leurs lumieres, leur eſprit public & leur déſintéreſſement.

C iv

Au sortir de la crise, au mois de Novembre 1783, les actions valoient 3600 liv.; elles monterent successivement, & furent au mois de Juillet 1784 recherchées au dessus de 5000 liv. Le dividende d'alors fut fixé à 130 liv., comme le précédent. Cependant l'état des bénéfices ne le permettoit point; mais on fit valoir l'importance de ne pas diminuer le dividende, & cette raison (à laquelle on a donné plus de force qu'elle n'en méritoit, puisque la crise dispensoit ce dividende de toute comparaison avec les précédens), cette raison fut bien reçue, & la pluralité des actionnaires crut s'y rendre, tandis qu'ils étoient tout simplement entraînés par leur intérêt, ou, si l'on veut, par leur instinct de marchands d'actions.

C'est depuis ce semestre, c'est après ce premier oubli de la prudence si capitalement nécessaire dans la fixation du dividende, qu'on a vu naître & se développer cet enthousiasme sur les actions de la caisse d'escompte qui les a portées au prix extravagant de 8000 liv. A peine deux mois du dernier semestre de 1784 furent-ils écoulés, que plusieurs administrateurs eux-mêmes, intéressés, il est vrai, au commerce des actions, promirent que le dividende du mois de Janvier suivant seroit considérable; qu'il surpasseroit 200 liv. Cependant jusqu'alors les augmentations du dividende avoient été très-lentes. D'un semestre à l'autre, leur accroissement n'avoit jamais surpassé la somme de 10 liv.; & le plus fort

de tous, celui qui précéda le femeftre de la crife,
n'avoit pas été au delà de 130 liv., quoique les
bénéfices d'alors, auffi confidérables qu'ils l'aient jamais été depuis, euffent pu dans les principes relâ-
chés permettre de le fixer à 260 liv.

D'où venoient donc ces promeffes anticipées ?
Comment ont-elles pu naître au fein de l'adminiftration même ? Comment négligeoit-on à ce point
les regles de la prudence la plus commune ? car,
fans compter les leçons du paffé, qui devoient mettre plus que jamais en vigueur le principe des économies, en oubliant même que le dividende de
Juillet 1784 avoit été fixé, de l'aveu de tous les
actionnaires, plus haut que ne le permettoient les
bénéfices réalifés, combien d'événemens pouvoient
réduire à rien ces féduifantes promeffes ! L'amour-
propre impatient de quelques adminiftrateurs, pro-
digieufement tourmentés des reproches qu'on leur
fit à bon droit, lors de la crife, trouvoit-il une forte
de dédommagement dans la faveur que prenoient
les actions ? Non : tels n'étoient pas leurs motifs : car
leur amour-propre avoit déjà reçu dans le prix de
5000 liv. auquel les actions avoient monté depuis
la crife, prix égal à ce qu'elles valoient auparavant,
toutes les confolations qu'il pouvoit defirer. D'où
venoient donc les promeffes téméraires qu'ils répan-
doient avec profufion, fi ce n'eft de cette cupidité
trop naturelle à des marchands d'actions, qui court
aveuglément à de grands bénéfices ?

Eh ! comment pourroit-on s'y tromper après tout
ce qu'on a vu ? Comment expliqueroit-on cette association d'administrateurs & d'actionnaires infatiga-
blement occupés à inventer de nouvelles manœuvres
pour faire monter le prix des actions ? A quel motif
attribueroit-on cette ruse ingénieuse d'acheter des
dividendes à un prix très-élevé, long-tems avant
qu'il fût fixé, pour persuader qu'il seroit fixé plus
haut encore (1) ?

Il faut en convenir : le but de vendre cherement les actions, de tirer le plus grand parti possible de l'enthousiasme que l'on avoit fait naître
avec une facilité très-attrayante, explique seul ces
procédés ; & tel fut leur effet, que les actions étant
montées presque en un instant, comme nous l'avons

---

(1) Les marchands d'actions résolurent habilement de
perdre sur les dividendes pour gagner sur les actions. Un
calcul très-simple leur en donna l'idée. Au sortir du premier
semestre de 1784, les actions n'étoient qu'à 5300 liv. Chaque 10 liv. d'augmentation sur le dividende devoit augmenter l'action au marché de 400 liv. : car 10 liv. de dividende
pour un semestre font présumer 20 liv. par an, & 20 liv. d'intérêt annuel représentent sur le pied du denier 20, 400
liv. de capital.

Supposant donc que le dividende du dernier semestre de
1784 ne pût être que de 10 liv. plus haut que le précédent, c'est-à-dire, à 140 liv., que devoit-il arriver en achetant des dividendes à 195 — 190 — 185 ou 180 liv. ? Les
acheteurs s'exposoient à perdre 55 — 50 — 45 ou 40 liv.
par dividende ; mais, en revanche, comme le public ne de-

dit, au deſſus de 8000 liv., il fallut prévenir la chûte qu'une hauſſe ſi accélérée, ſi peu raiſonnée, ſi peu ſuſceptible de l'être, faiſoit naturellement craindre.

Dans ces circonſtances, parut à découvert un parti pour les hauts dividendes, qui comptant ſur ſa prépondérance dans l'aſſemblée générale des actionnaires, ſe flatta de faire fixer le prochain dividende au prix auquel il avoit été promis, & de trouver aſſez de raiſons ſpécieuſes pour que l'autorité ne prît aucune inquiétude, pour que le public le conſidérât comme une œuvre de juſtice, comme une preuve de fait que les grands ſuccès qu'avoit & que devoit avoir la caiſſe d'eſcompte n'étoient point chimériques.

Alors la cupidité ſe porta ſur les dividendes mêmes ;

_____

vinoit pas que ces achats fuſſent faits pour y perdre, on lui perſuadoit par-là d'autant mieux que le dividende ſeroit fixé à 200 liv. au moins, & le prix des actions s'élevoit en conſéquence. Les ſpéculateurs gagnoient donc une ſomme conſidérable par actions, tandis qu'ils ne pouvoient perdre que 40 à 45 liv. par dividende. Il ne falloit, pour aſſurer le bénéfice, que proportionner les achats de dividendes au nombre d'actions qu'on avoit à vendre, de maniere que la perte ſur l'un reſtât fort au deſſous du bénéfice ſur l'autre. — Cet expoſé ſert au moins à prouver que le jeu de l'agiotage doit être étudié, ſi l'on veut ſe garantir des inconvéniens de ſa propre crédulité, & il vaut mieux qu'on l'étudie que de le défendre : car l'intérêt porte à cette étude, qui met bientôt les joueurs de niveau, & l'intérêt porte à violer ou éluder toutes les défenſes.

on en pouſſa très-l in les achats qui d'abord avoient
été peu conſidérables, & l'on vit bientòt par l'ardeur avec laquelle on cherchoit à en acheter, que
les acheteurs ſe croyoient bien certains de les faire
fixer à leur gré. Alors auſſi, & pour préparer la
fixation promiſe, ſe répandit cette étrange opinion,
que les actions ayant été acquiſes ſur la foi que le
dividende ſurpaſſeroit 200 liv., il falloit que le dividende montàt au moins à 200 liv., afin que les
acheteurs d'actions ne fuſſent pas trompés. Alors
enfin, on fit l'application la plus extraordinaire de
cette auu ' opinion, que le crédit de la caiſſe étant
attaché au prix de ces actions, on portoit atteinte à
ce crédit en ne ſoutenant pas ce prix, quelque haut
qu'il fût ; comme ſi un crédit quelconque pouvoit
être en raiſon d'autre choſe que des moyens de
payer ! Comme ſi la caiſſe d'eſcompte, pour avoir
du crédit aujourd'hui, devoit ſuivre tous les mouvemens de la cupidité la plus déſordonnée ! Comme
ſi des eſtimations exagérées & variables, au gré de
la paſſion des joueurs ou de leur induſtrie, pouvoit s'appeller le prix des actions, & faire regle dans ſon
adminiſtration !

Notre but n'eſt point. de donner ici les détails
hiſtoriques de tout ce qui s'eſt paſſé dans les débats
entre les partiſans des hauts dividendes & ceux des
dividendes modérés : quelqu'inſtructifs que ces détails
puſſent être pour éclairer tout ce qui tient à la caiſſe
d'eſcompte, ils donneroient à cet ouvrage une trop

grande étendue & une apparence de polémique qui contrasteroit entièrement avec nos vues : car nous ne sommes ici l'avocat de personne, & nous ne traitons qu'une question d'administration. Nous devons donc nous borner à ce qui est véritablement indispensable, & il l'est sans doute de recueillir deux faits principaux.

Le premier, c'est que sans l'intervention de l'autorité, qui rappellant la caisse d'escompte à ses statuts, ordonna par l'arrêt du Conseil du 16 Janvier de cette année, que le dividende des six derniers mois de 1784 ne seroit établi que *sur les bénéfices faits & réalisés au 31 Décembre*, le dividende eût été fixé à une somme abusive & , par-là même, bien dangereuse pour l'avenir, puisqu'en même tems on se déclaroit attaché au principe qu'il ne falloit jamais le diminuer. Comment répéter un dividende qu'on auroit fixé trop haut, si ce n'est en forçant les affaires de la caisse? Et comment les forcer sans s'exposer à mille dangers, sans fermer les yeux sur toutes les circonstances qui doivent les ralentir ?

Voyez *Pièces justificat.*, N°. IX.

Le second fait important à observer, c'est que le dernier dividende, quoique fixé bien au dessous des prétentions des actionnaires, l'a encore été trop haut relativement à l'état des bénéfices, comme on peut s'en convaincre en lisant la note au bas de la page (1).

---

(1) Les bénéfices montoient à 1,061,975 liv.; mais il y avoit en porte-feuille pour plus de cinquante-deux millions

Cette fixation fut une forte de conciliation dont le moment n'étoit pas fufceptible, mais à laquelle on fe trouva, pour ainfi dire, forcé par les clameurs des partifans du haut dividende. Ce qui prouve encore, combien il eft important de prévenir de tels chocs, puifque lors même qu'ils ne détruifent pas, ils finif-fent par des arrangemens dans lefquels les principes qu'il faudroit maintenir avec fermeté, font plus ou moins, mais toujours facrifiés.

C'eft fans doute pour éviter de pareilles fecouffes

---

de lettres de change qui ne devoient écheoir qu'en Janvier, Février & Mars, & dont l'efcompte fe trouvoit dans les bénéfices ci-deffus. Il devoit donc en être déduit, comme il l'a été, ce qui réduifoit les bénéfices à 778,182 liv. Mais il falloit encore en déduire une créance plus que douteufe, & les actionnaires le fentoient bien, puifque, pour ne pas nuire à l'effet du dividende fur le prix des actions, les mar-chands d'actions vouloient acquitter à la caiffe cette mau-vaife créance. Elle montoit à 131,277 liv., & réduifoit, par conféquent, le bénéfice à 636,955 liv. Mais jamais négociant prudent n'a fait état de fes bénéfices à une cer-taine époque dans l'avenir fans en déduire une fomme def-tinée à repréfenter les *deficit* poffibles fur les fommes non encore échues, & la caiffe d'efcompte doit-elle montrer moins de prudence qu'un négociant ordinaire ? Perfonne n'oferoit le dire: or, en eftimant ce *deficit* à la modique fomme de deux fols fix deniers pour chaque 100 liv. à ren-trer, il falloit encore réduire fur les bénéfices 65000 liv. Il ne reftoit donc, rigoureufement parlant, qu'un dividende de 114 liv. à répartir, en renonçant même au fyftème des économies, fyftème indifpenfable à de tels établiffemens, fi

que de nouveaux réglemens ont été demandés aux
commiſſaires de la caiſſe d'eſcompte. Son ſort futur
dépendra donc de ces réglemens. Nous tenterons
d'applanir la route , en fixant l'opinion que doivent avoir les actionnaires de ce qu'ils appellent leur
propriété , quand ils parlent de leurs actions. Nous
devons traiter auſſi de l'influence de l'autorité ſur
l'adminiſtration de la caiſſe , de ce qui peut la
rendre utile ou dangereuſe , & des moyens de concilier à cet égard la diverſité des opinions. Commençons par propoſer quelques réflexions ſur la nature de la propriété des marchands d'actions.

---

l'on veut obtenir *leur permanence* en 1785 , & très-formel-
lement recommandé par les actionnaires qu'éclairoient alors
les riſques que la caiſſe venoit de courir : *ils doivent*, dirent-
ils à cette époque , *ſe rappeller conſtamment qu'il n'y a de
profit durable que celui qui promettra permanence & ſolidité.*

Quoi qu'il en ſoit, en élevant le dividende à 150 liv.,
on anticipa donc réellement de 36 liv. par dividende ſur
les bénéfices futurs. Et pourquoi ? A cauſe des conſidérations
que l'on voulut avoir, contre tout principe & toute convenance, pour la valeur momentanée à laquelle les marchands d'actions ſont parvenus à les porter : car ſi l'on avoit
voulu ſimplement comparer le dividende au capital vrai de l'action, on auroit trouvé que 114 liv. formoient un intérêt
déjà bien avantageux, ſoit relativement à la ſolidité du placement, ſoit relativement à l'opération qui venoit d'augmenter d'un quart le nombre des actions & , par conſéquent, celui du partageant.

CHAPITRE V.

Qu'eſt-ce que la propriété des Aĉionnaires de la Caiſſe d'Eſcompte ?

Ce n'eſt pas la premiere fois aſſurément que ce mot de *propriété*, ſacré en lui-même, mais ſouvent mal entendu & plus mal appliqué, eſt devenu un cri de ralliement contre les vues les plus ſacrées & les plus patriotiques ; mais on ne doit jamais dédaigner ces ſortes de terreurs : car s'il faut mépriſer la mauvai-ſe foi, il faut auſſi la démaſquer ; il faut diſcuter les opinions, raſſurer l'ignorance, & ſur-tout reſ-peĉter juſqu'à la ſuperſtition du culte de la propriété.

Dans le ſujet que nous traitons, il eſt aiſé de ſurprendre les eſprits inattentifs avec ce grand mot de *propriété*. On dit : *La caiſſe d'eſcompte appar-tient aux aĉionnaires. Il eſt injuſte de ne pas les laiſſer maîtres de faire valoir comme bon leur ſem-ble leur propriété.* Et les hommes, toujours imita-teurs, toujours crédules, lorſqu'on n'a pas éveillé leur méfiance, répétent à l'envi : *La caiſſe d'eſcompte appartient aux aĉionnaires ; il faut les laiſſer maîtres de faire valoir leur propriété comme bon leur ſemble.*

Ceux qui réclament la propriété ont toujours rai-ſon ; mais il faut bien ſavoir juſqu'où s'étend cette

propriété

propriété, qui n'eft pas la même fur toutes les efpeces de chofes, ni pour toutes les efpeces de propriétés.

Pour être propriétaire de quoi que ce foit au monde, il faut avoir une volonté, des facultés, des
moyens de jouir de fa propriété, & l'on n'a rien
de tout cela qu'en raifon de la conftitution que
l'on a reçue de la nature ou de la fociété, de forte
que les particuliers, par exemple, font vraiment
& entiérement propriétaires des biens qui leur ont
été tranfmis par leurs ancêtres, ou qu'ils ont acquis
par leur travail, par donation ou par échange.

Mais lorfqu'ainfi que tous les corps établis fous
l'autorité publique, on eft l'ouvrage de la fociété,
on ne peut avoir de propriété que fubordonnée à la
conftitution prefcrite par la fociété ; d'où il réfulte
que les établiffemens publics ne peuvent ufer de leurs
propriétés que conformément aux vues de perpétuité
qu'on a eues en les formant. Ces établiffemens font
effentiellement mineurs, & le principe qui les a en
général déclarés main - mortables, eft fondé fur la
nature des chofes & fur la raifon.

Un homme, un banquier, ont droit de fe ruiner
à leur volonté ; le gouvernement n'a pas le droit
de les en empêcher. Un hôpital, un corps muni-
cipal, une banque publique, n'ont pas le droit de fe
ruiner, pas plus qu'un roi n'a celui d'aliéner fon
domaine ou le revenu néceffaire pour maintenir fa
nation & fa fouveraineté, parce que les uns & les

D

autres font d'inftitution fociale, & faits pour remplir la place que la fociété leur a affignée, ni plus ni moins.

Cela pofé, examinons dans quel fens on peut dire que la caiffe d'efcompte eft la propriété des actionnaires.

La caiffe d'efcompte appartient fans doute aux actionnaires, c'eft-à-dire que nul autre qu'eux ne peut participer à fes gains & n'a droit au capital qui repréfente les actions ; la portion d'intérêt que chaque actionnaire a dans la caiffe d'efcompte lui appartient comme propriété particuliere ; il peut la jouer, la vendre, la donner.

Mais les principes & les regles d'après lefquels la caiffe d'efcompte doit être adminiftrée n'appartiennent pas aux actionnaires : car ils ne font pas propriétaires du droit de légiflation qui, fur leur demande, a fixé leur exiftence, & dont l'objet eft de protéger toutes les propriétés, & d'empêcher que l'abus de la leur ne porte atteinte à celle des autres. Qui ne fent que fi les actionnaires de la caiffe d'efcompte avoient ce droit de légiflation, ils auroient un privilege dont aucun autre propriétaire ne jouit dans la fociété ? Par la nature de leur établiffement ils feroient les maîtres de la fortune publique (1).

_____

(1) S'il y avoit dans la fociété un feul propriétaire qui eût le droit d'influer fur la légiflation, lorfque tous les autres en font privés, ce propriétaire feroit le fouverain du pays.

Les actionnaires font donc foumis à des regles dont ils n'ont pas la propriété. Ces regles, à qui les ont-ils demandées ? Qui les a fanctionnées ? Le gouvernement, qui fans doute n'a pas voulu mettre la fortune du public à la difcrétion des vues fans ceffe variables de l'intérêt privé.

Le gouvernement eft donc quelque chofe à la caiffe d'efcompte, & cela de l'aveu de fes propriétaires. Mais s'il lui eft quelque chofe, s'il a quelque infpection à exercer fur elle, je demande quelle peut être cette infpection ? Seroit-ce de veiller à ce que les coffres fuffent bien fermés, les livres bien tenus, les commis affidus au travail, les affemblées exactes aux jours & aux heures fixés ?

Sans doute ces détails ne font pas du reffort du gouvernement. Sa véritable miffion, celle qu'il s'eft réfervée, c'eft de veiller à ce que les adminiftrateurs de la caiffe la dirigent fuivant les regles qu'il a fanctionnées, de maniere à ne pas compromettre la fûreté publique, le commerce, la fortune des négocians & des particuliers, qui, de leur gré, ou par la force des chofes, fe fervent des billets de confiance ; c'eft en un mot d'infpecter tout ce qui regarde la difpofition des capitaux des actionnaires, la diftribution des billets de confiance dont ces capitaux répondent, enfin le partage des profits, de maniere qu'en cueillant le fruit de l'arbre, auquel ils ont droit, ils n'en coupent pas le tronc.

Or, l'infpection du gouvernement fur chacune de

D ij

ces opérations eſt une condition du droit de pro‑
priété des actionnaires, condition qu'ils ont eux‑
mêmes provoquée en demandant l'intervention de
l'autorité pour former & régir leur établiſſement.

Si ces déductions ſont auſſi évidentes que ſimples,
il nous paroît abſurde de ſoutenir que la caiſſe d'eſ‑
compte ſoit une propriété tellement illimitée, que
les actionnaires puiſſent en dévorer volontairement
le fonds ſous prétexte de jouir de l'uſufruit.

Mais obſervons les effets qui réſulteroient de cette
propriété, telle que la conçoivent les marchands
d'actions, c'eſt‑à‑dire, comme devant leur être
conſervée, non‑ſeulement dans toute l'étendue de
ſon prix actuel, mais encore dans toute l'étendue
ſpéculative des accroiſſemens que leur induſtrie pourra
lui donner.

Je remarquerai d'abord (& ceci n'eſt pas une
ſubtilité, c'eſt un point de vue très‑naturel & très‑
vrai) je remarquerai que cette propriété eſt entié‑
rement mobile, du moins auſſi long‑tems que les
actions ſont en mains marchandes, & variées com‑
me la fantaiſie de ceux qui les commercent. Il eſt
aiſé de ſentir que chaque marchand viſant à vendre
ſon action le plus chérement poſſible, peut très‑
bien faire des opérations qui altèrent la propriété
du futur poſſeſſeur de ces actions : par exemple,
quand au mois de Janvier dernier, les actionnaires
vouloient ſe faire répartir des bénéfices non réaliſés,
ils prenoient réellement dans la poche des impru‑

dens auxquels ils comptoient vendre leurs actions au prix exceffif qu'ils établiffoient à la faveur d'un haut dividende. — Or, je demande fi c'eft la propriété de ce matin, ou celle de ce foir que le gouvernement doit refpecter? ... Nous croyons qu'il faut avoir une réponfe précife à cette queftion, avant de s'occuper férieufement des clameurs fur la violation de la propriété des actionnaires, opérée par l'intervention de l'autorité fur la fixation équitable & légale du dividende.

Ce n'eft pas tout. Le prix actuel de l'action à 7600 liv. n'eft repréfenté dans la caiffe que par 3500 liv. réelles qu'on y a dépofées pour chaque action. Il y a donc 4100 liv. de valeur imaginaire dans le prix actuel des actions, & cependant les fpéculateurs perfuadés ou voulant perfuader que cette valeur imaginaire fait partie de leur propriété, & ne s'occupant, comme on l'a vu, comme on le voit encore, qu'à le foutenir, veulent que l'action fe vende comme un capital réel, exiftant, rapportant annuellement 4 à 5 pour 100 d'intérêt. Ils équivalent le capital fictif à un capital réel, qui, difent-ils, vu la permanence de la caiffe, ne fe liquidera jamais. Mais comme les opérations tendantes à conferver ou accroître le capital fictif mettent en péril le capital réel, je demande encore laquelle de ces deux propriétés il faut refpecter? Eft-ce le capital réel? Eft-ce la valeur imaginaire que le jeu produit à la bourfe?

D iij

Les spéculateurs disent que ce seroit attenter à leur propriété que de laisser baisser le prix de l'action, parce qu'elle doit être vendue sur le pied de 5 p. 100 d'intérêt, à cause de la stabilité de la caisse d'escompte, & de la certitude que ses profits croîtront toujours... Mais que voit-on donc jusqu'ici qui croisse toujours ? Que voit-on qui constate cette stabilité, d'où l'on voudroit tirer un titre de propriété sur des fonds vraiment imaginaires ? De quelle banque, de quelle administration, d'après quelle expérience ose-t-on nous parler ainsi ?

Quoi ! cette caisse qui a été au moment d'être renversée il y a quatre jours par la plus imprudente, j'ai presque dit la plus absurde des administrations, cette caisse dont les profits sont dûs jusqu'à présent, au moins dans leur plus grande partie, à des circulations dont le jeu sur ses propres actions & sur des fonds peu connus sont l'objet, cette caisse dont les administrateurs spéculent eux-mêmes sur les actions, & ne paroissent encore mettre aucun prix aux idées générales qui apprennent à séparer l'intérêt du moment d'un intérêt plus étendu, plus en rapport avec le bien universel du commerce, aux sentimens patriotiques qui doivent être l'ame d'un tel établissement, compromettent pour le plus léger intérêt le crédit de leur banque, sa réputation à venir, son honneur enfin, si l'on peut parler ainsi ; une telle caisse est l'objet d'une sécurité si ambitieuse ! & l'enthousiasme prophétique qui lui destine des accroissemens sans terme & sans me-

fure, eft l'unique bafe de cette propriété fantaftique,
aux intérêts de laquelle on voudroit fubordonner
tant de propriétés réelles ! C'eft le prix actuel de
l'action, c'eft-à-dire, le prix fictif que vous y avez
mis, & que le tems feul peut confolider, c'eft ce
prix pour lequel vous invoquez aujourd'hui le refpect
dû à la propriété, quelques revers qu'une précipitation fi inconfidérée puiffe d'ailleurs attirer fur la valeur
de l'action, c'eft-à-dire, fur le capital qui la repréfente, & qui feul eft & doit être aux yeux du gouvernement, aux yeux du public, aux yeux de la raifon,
votre propriété, puifque le capital eft le feul gage que
vous ayez offert à la confiance du public, à la protection du gouvernement, aux calculs de la raifon !
Ah ! tant qu'on fuivra de telles maximes, tant que
des fonds réels pourront être facrifiés à la fpéculation de maintenir le fonds imaginaire, tant que
l'on vifera uniquement à s'enrichir promptement par
le produit de l'action, à l'aide de hauts dividendes,
tant que l'on convoitera avec une ardeur fi impatiente des fuccès fi hazardeux, il faut... il faut ne
pas induire le public en erreur fur la nature de la
propriété des actionnaires (1) !

_____

(1) Il le faut d'autant moins que cette prétendue certitude de ne voir jamais rétrograder le dividende, fur laquelle
les actionnaires de la caiffe d'efcompte fondent la partie fictive de leur propriété, n'eft fondée que fur la confiance
fans bornes que les adminiftrateurs accordent à quelques

Si l'on réfléchit fur l'importance que mettent les fpéculateurs à ce que le dividende ne diminue jamais,
tout en faifant des efforts pour l'élever fans ceffe,
pour foutenir le prix exorbitant des actions, on
devinera toutes les folies qu'ils feroient capables d'inventer & d'accréditer, toutes les fautes dans lef-

maifons de commerce. Ils n'ont porté leurs bénéfices à un
certain degré qu'en confiant à la même fignature beaucoup
plus fans comparaifon que la banque de Londres n'a jamais
confié au plus riche négociant de cette métropole du commerce. Un commerce immenfe de marchandifes de toute
efpece & de tout pays fournit cependant à Londres une
multitude d'affaires folides, & une abondance prefque incalculable de papiers très-divers fur lefquels la banque a le
plus grand choix. Il n'y a rien de femblable dans Paris.
On n'y connoît pas un grand nombre de maifons avec lefquelles *un établiffement tel que la caiffe d'efcompte* puiffe ha-
zarder un million fans imprudence. Cependant, au dernier
femeftre, il y avoit pour 52 millions de lettres de change
en porte-feuille ; ce qui, pour ceux qui connoiffent Paris,
& fur-tout la maniere dont la caiffe d'efcompte difpenfe fes
faveurs, fuppofe une confiance illimitée à quelques maifons,
& une très-grande confiance dans plufieurs autres. Auffi, pour
le dire en paffant, l'adminiftration n'eft-elle pas encore parvenue à déterminer la fomme de crédit qu'elle accorderoit
aux divers commerçans de Paris. A quoi attribuer le défaut
d'une regle fi indifpenfable, fi ce n'eft à la crainte d'être
obligé de trop circonfcrire les opérations de la caiffe, & d'a-
voir à fe juger foi-même : car il ne faut jamais oublier que
les adminiftrateurs font auffi ufage de la caiffe pour leurs
propres affaires.

quelles ils entraîneroient le gouvernement , lorfqu'ils feroient une fois parvenus à infpirer un tel
refpect de leur prétendue propriété , de leur droit
illimité d'en jouir au gré de leurs illufions , qu'on
fe croiroit obligé de maintenir les dividendes felon
leurs vœux , dans le tems même où les opérations
naturelles de la caiffe ne pourroient plus y fuffire.

Voilà précifément le délire qui a exterminé toutes
les compagnies dirigées par la cupidité des actionnaires... *Malheur*, ont-ils dit, *malheur à l'Etat,*
fi nous reculons! Mais nous reculerons, fi nous
n'avançons pas, fi nous reftons dans nos moyens...
La valeur actuelle de l'action , valeur qui eft no-
tre propriété , valeur qui eft le thermometre de la
confiance publique , s'évanouira. Donc il nous
faut telles & telles conceffions . . . . . . On les
leur a faites ; mais leur cupidité s'en eft accrue ;
& ces conceffions, loin de fervir à confolider le terme de profpérité où l'on étoit parvenu , ont ouvert
une nouvelle carierre à l'ambition ; les chofes ont toujours été ramenées au même point, à celui d'avoir
befoin de nouvelles conceffions, jufqu'à ce qu'ayant
été toutes épuifées , la ruine de l'établiffement &
tous les défaftres qui devoient en réfulter s'en font
fuivis. Eh ! qui donc a été enveloppé dans la cataftrophe , fi ce n'eft le corps des créanciers de ces
compagnies & les derniers actionnaires, c'eft-à-
dire, ceux qui s'étoient laiffé éblouir par les belles
apparences créées par leurs prédéceffeurs, qui, tout

en réclamant leur propriété, le respect de leur propriété, la jouissance intacte, entiere, illimitée de
leur propriété, ont envahi, mutilé, anéanti la propriété de leurs successeurs. — Telle est en France
l'histoire du système de Law, & celle de la compagnie des Grandes-Indes. Telle en Angleterre la compagnie du Sud ; telle peut-être sa compagnie des
Indes, &c., &c. Puisse la banque de Madrid, qui
déjà accapare & convoite tant de privileges ex-
clusifs, être avertie à tems pour ne pas éprouver le
même sort !

Quoi qu'il en soit, & sans porter si loin nos
regards, c'est une illusion, pour ne pas dire une
supercherie, que de demander qu'on attache toutes
les conditions d'une propriété absolue à l'action de
la caisse d'escompte, considérée dans le prix actuel qu'on voudroit soutenir sous le prétexte que
l'action a été acquise à ce prix. Le capital dont
les actionnaires sont vraiment propriétaires, n'est que
de 3500 liv. (1) A quel titre pourroient-ils le regarder comme une propriété équivalente à plus du
double de cette somme ? On ne sauroit trop le leur
dire : c'est leur capital & non leur rêve qui est
leur propriété.

_____

(1) L'intérêt de ces 3500 l. à 5 pour 100 seroit annuellement de 175 l.; le dernier dividende a été de 150 l.; ce
qui fait 300 l. pour l'année. C'est donc 125 l. au dessus
de l'intérêt du vrai capital de l'action. Or, en supposant que
ce dividende ait été fixé sur un état de choses durable (ce

Enfin, il eſt encore une conſidération de la plus haute importance, qui, aux yeux du gouvernement & de la nation, ne peut qu'affoiblir conſidérablement toutes les inductions tirées du mot de *propriété* appliqué à la valeur actuelle des actions de la caiſſe d'eſcompte.

Le crédit national dans l'étranger eſt étroitement lié à celui de la caiſſe; on a tort ou raiſon; peu importe; la choſe exiſte. Lors de la criſe de 1783, les eſprits attentifs ont pu connoître à quel point cela étoit vrai. On ne vouloit pas croire dans les pays étrangers que cette banque pût être dans l'embarras ſans que le gouvernement y fût lui-même : tant on regardoit celui-ci comme néceſſité à ne pas laiſſer ſuſpendre les opérations de la caiſſe ! On imagina d'autant plus aiſément qu'il y avoit dans les finances Françoiſes un déſordre irremédiable, que l'on ne comprenoit pas ſans cela comment le commerce de Paris ne s'étoit pas promptement réuni pour ſoutenir la caiſſe. Il n'eſt pas hors de propos d'ajouter que lorſque l'on ſut enfin qu'il n'y avoit eu que de l'embarras dans les affaires de cette ban-

___

qui eſt très-douteux, puiſqu'on a vu que les bénéfices réaliſés ne permettoient pas un tel partage), cette mieux value ne pourroit jamais être eſtimée que comme un capital placé en rente viagere, dont les 125 liv. ſeroient la rente; d'où il réſulte qu'un homme ſage, un homme qui auroit un tel effet à laiſſer à ſa poſtérité, n'eſtimeroit pas aujourd'hui l'action plus de 4500 à 5000 liv.

que, & qu'une fomme, tout au plus de deux millions en efpeces, auroit fuffi pour empêcher la crife, & remettre les chofes dans leur état ordinaire, on ne fut que penfer de ce que le tréfor royal ou le commerce ne l'avoient pas inceffamment fournie.

Réfumons-nous : les actionnaires de la caiffe d'efcompte doivent être confidérés fous deux points de vue très-différens : celui de propriétaires d'un fonds réel; & fous cet afpect, ils ont tous les droits poffibles de veiller à fa fûreté : celui de fpéculateurs fur la maniere de faire valoir ce fonds ; & fous ce point de vue, on ne fauroit leur accorder le droit de transformer leurs efpérances ou leurs defirs en propriétés tellement abfolues & illimitées, qu'ils foient les maîtres de les diriger entiérement à leur gré.

Il faut, il eft effentiel pour la confervation de toutes les propriétés avec lefquelles la caiffe d'efcompte eft en rapport, que fes billets ne portent jamais à faux; & comment s'en affurera-t-on fans regles? Comment ces regles feront-elles maintenues fans une autorité qui puiffe contraindre à les obferver ? L'infpection du gouvernement eft donc néceffaire à l'adminiftration de la caiffe. Cette adminiftration veille à la propriété des actionnaires; le gouvernement protege celle du public.

Examinons plus en détail comment l'infpection de l'autorité peut être dirigée de maniere à raffurer ceux-là même qui craignent le plus fa préfence dans les établiffemens du genre de la caiffe d'efcompte.

CHAPITRE VI.

*De l'Inspection du Gouvernement sur l'administra-
tion de la Caisse d'Escompte.*

Nous croyons qu'il n'est pas nécessaire de prouver
que l'autorité soumise à des regles est le premier
besoin des hommes réunis. La société ne subsiste que
par le maintien des droits & le respect des loix. Les
uns & les autres ne pouvant être assurés que par
une puissance qui réprime l'effort des intérêts particuliers, l'autorité qui remplit cette fonction, & dont
il ne s'agit point ici de déterminer la nature, les formes & les rapports, ne sauroit être trop puissante &
trop *absolue*, ce qui ne veut pas dire *illimitée :*
car l'autorité *illimitée* est l'autorité *arbitraire*, source
de tout mal, & le plus redoutable des fléaux qui
affligent l'espece humaine.

C'est l'arbitraire que l'opinion publique redoute,
& non l'autorité, sans laquelle aucun droit ne seroit
respecté. Mais les gouvernemens absolus & les gouvernemens arbitraires se font si souvent ressemblés,
que, par une méfiance trop naturelle, on est parvenu
à les confondre dans les pays où ceux qui gouver-
nent font tout, & ceux qui font gouvernés rien.
On y craint l'autorité lorsqu'elle suit les regles qu'elle-
même s'est prescrites, presqu'autant que lorsqu'elle
n'a de regles que sa volonté du moment.

C'eft ainfi que dans le fujet dont nous nous occu-
pons, on fe livre à des terreurs peu réfléchies au
feul nom d'autorité, fans penfer que tant qu'elle
fuivra des regles & fe contentera de les faire fuivre, fa préfence fera* toute favorable & tutélaire ;
que fi, fans être arrêtée par fon intérêt perfonnel &
les leçons du paffé, elle ne craint pas de violer les
regles, ce ne fera pas d'avoir ou de ne point avoir
appellé fa préfence, qui préfervera de fes excès, puifque n'eût-elle point été appellée, elle fauroit bien
paroître & fe mettre au deffus de la réfiftance ;
qu'ainfi le parti le plus prudent eft de l'intéreffer à
la juftice & à la fageffe par la confiance ; & cela
eft d'autant plus vrai, d'autant plus · inconteftable dans
l'occafion qui nous a fait prendre la plume, que l'arbitraire ne pourroit être nulle part auffi funefte que
dans une compagnie de marchands, qui ne voyant
qu'elle dans l'Etat, feroit & changeroit elle-même
toutes les loix qui doivent décider de fes rapports
avec l'Etat.

Il n'eft aucune inftitution humaine exempte d'inconvéniens ; perfonne n'en doute, & perfonne ne fe
conduit en conféquence de cette vérité. La recherche de l'état de chofes qui renferme le moins d'inconvéniens, ou les inconvéniens les moins fâcheux,
paroît êtré la fcience la plus négligée ; cependant elle
eft inconteftablement la plus utile.

Par exemple, on fe feroit entendu depuis long-
tems fur la théorie des dividendes de la caiffe d'ef-

compte, fi l'on eût confidéré qu'une accumulation de bénéfices laiffée à la caiffe étoit un très-petit mal pour les actionnaires, & pouvoit par la fuite produire les plus grands avantages particuliers & publics, au lieu que l'ardeur des marchands d'actions pour de hauts dividendes eft néceffairement fertile en abus dangereux, & ne donne qu'un très-petit avantage à l'acquéreur de l'action : car les actions changeant fans ceffe de mains, de quoi s'agit-il pour le dernier propriétaire ? D'un intérêt de 4 à 5 p. $\frac{0}{0}$ tout au plus, & de l'expectative très-douteufe de revendre fon action avec bénéfice, à la faveur de l'efpoir qu'on lui donne qu'un accroiffement nouveau de dividende viendra en augmenter la valeur. Je ne comprends pas, je l'avoue, comment on facrifieroit à de tels profits l'intérêt du commerce, les rifques qu'on lui fait courir fuffent-ils même très-légers.

Suivons cette manière de raifonner à l'égard de l'intervention de l'autorité dans l'adminiftration de la caiffe d'efcompte, & comparons les inconvéniens qui peuvent réfulter de fon infpection fur cette banque avec ceux qui naîtroient d'un ordre de chofes où l'adminiftration de la caiffe d'efcompte échapperoit entiérement à l'autorité, comme on en a manifefté le defir.

Les impreffions profondes qu'ont laiffé après elles les fauffes opérations du fyftême, ont fait régarder l'intervention du gouvernement comme très-dange-

reufe dans les établiffemens tels que les banques publiques (1). On fe donne à cet égard fi peu le tems
de raifonner, que le feul nom de *Law*, les feuls
mots de *fyftéme*, de *papier-monnoie*, prononcés
par des perfonnes qui ne les entendent pas, fuffi-
fent pour infpirer de la méfiance, & même pour
jetter de l'odieux fur ceux qui ofent penfer que les
opérations de banques publiques doivent être foigneufement furveillées par le gouvernement.

Mais ne faut-il donc tenir aucun compte des
leçons qu'il a reçues de fes propres fautes ? Où font
les avantages qu'il a retirés de tant d'abominables
opérations produites par l'ignorance & la cupidité
de quelques particuliers qui ont profité de cette ignorance ? Ces défaftreux coups d'autorité, ces boule-
verfemens fi fubits, fi arbitraires, ont-ils fait que le
mouvement de la machine politique s'exécutât alors
& fe foit exécuté depuis avec plus d'aifance ; que
le pouvoir du roi ait été ou foit mieux établi, fa
puiffance plus réelle, fon royaume plus floriffant,
fon influence au dehors plus confidérable, fon admi-

---

(1) Il eft parfaitement vrai & digne de remarque que
la caiffe d'efcompte n'a follicité la permiffion d'être difpenfée
de verfer au tréfor royal les dix millions qu'elle y devoit
porter aux termes de l'arrêt de fa création, que fur l'opinion
prefque générale à Paris, que le crédit de cette banque de
fecours feroit beaucoup meilleur, fi elle n'avoit rien dans
les mains du roi, que fi elle y avoit dix millions.

niftration

niſtration plus proſpere & plus reſpectée au dedans?
Eſt-il enfin une ſeule amélioration que l'on puiſſe
attribuer à cet empiriſme financier deſtiné, diſoit-
on, à rétablir l'ordre dans les revenus de l'Etat, &
qui n'a produit que des convulſions dont l'idée ſeule
fait frémir ?... Une ſeule amélioration en a été la
ſuite. C'eſt une telle horreur pour ces déſordres, qu'ils
ne ſont plus à craindre ; l'opinion publique y auroit
bientôt mis des obſtacles invincibles.

Quelques principes qu'adopte le gouvernement,
qu'il ſoit économe ou prodigue, oppreſſeur ou pa-
ternel, l'ordre dans la comptabilité, la modération
& l'économie dans l'uſage des reſſources que donne le crédit, ſont devenus des maximes d'Etat
qu'on n'oſe plus mépriſer, dont on ſonge à peine
à s'écarter. Que ſi l'on ſuppoſe la démence, encore
une fois, on ne prouvera rien contre notre opinion:
car il n'y a point de précautions ſuffiſantes contre
la démence quand elle eſt armée de l'autorité; ainſi
c'eſt pour l'ordre naturel des choſes & non pour
une convulſion incalculable qu'il faut ſe préparer.

Eh ! quand le gouvernement ne ſeroit pas convaincu de tout ce qu'il perdroit en perdant la confiance, ne ſuffiroit-il pas de lui montrer ce que lui
ont coûté ces déteſtables orgies du pouvoir en lui
raviſſant la faculté précieuſe d'établir lui-même à
ſon profit des caiſſes ou des banques publiques? Car
c'eſt le gouvernement qui, en faiſant les fonds, devroit retirer les bénéfices de tous les ſecours, de

E

toutes les facilités que l'escompte & la circulation des billets de confiance procurent à l'agriculture, aux arts, au commerce. Quel impôt plus doux, plus juste, plus fécond en effets heureux & salutaires que celui de l'intérêt des fonds prêtés à l'industrie ? Que cet impôt coûteroit peu, & seroit agréable aux bons princes, puisque la confiance seule le produiroit !

Il seroit trop cruel d'en douter : on sentira tous les jours mieux le prix de la confiance. Les moyens de la regagner & de la rendre inébranlable se développeront de plus en plus, & la main de l'autorité, que l'on s'obstine trop long-tems à regarder comme redoutable, ne servira plus qu'à protéger les dépôts d'argent qui ne peuvent lui être utiles qu'autant qu'elle les respecte.

Si le renouvellement des funestes erreurs du système étoit à craindre, ce ne seroit pas de la part de l'autorité, & s'il faut le dire, ce seroit uniquement de la part de ceux qui voudroient écarter son inspection.... En veut-on des preuves récentes ?

Est-ce l'autorité qui a imaginé de convertir tout-à-coup en papier-monnoie les billets de la caisse d'escompte lors de la crise de 1783 ? Est-ce à elle qu'on peut reprocher cet absurde délire ? Non : l'autorité fut surprise par les administrateurs représentant les propriétaires de cette caisse, c'est l'autorité qui a réparé l'erreur funeste où on l'avoit jettée.

Et ces réclamations si ardentes, si actives, si

impétueufes contre l'arrêt du 16 Janvier dernier qui rappelloit les partifans des hauts dividendes à la lettre des ftatuts, aux bénéfices *nets & réalifès*, ces réclamations faites avec tant d'éclat au nom des actionnaires, foutenues par tant d'indécentes intrigues, par tant de folles clameurs; ces réclamations, disje, indiquent-elles que les prétentions intéreffées des actionnaires foient moins dangereufes que la furveillance du gouvernement?

La corruption qu'il faudroit fuppofer dans l'autorité pour redouter fon infpection fur la caiffe d'efcompte, eft-elle plus probable que celle des adminiftrateurs ou des propriétaires de cette banque? Et fi la corruption eft à craindre des deux côtés, laquelle eft la plus redoutable? N'eft-ce pas celle qui peut agir le plus fourdement? celle qui tient la caiffe dans fes mains? celle qui en dirige, qui en exécute toutes les opérations, qui peut préparer les événemens, & les environner des preftiges néceffaires pour concourir à fes vues? L'autorité n'eft pas dans cette pofition; elle ne peut jamais avoir intérêt à s'y mettre, puifqu'elle ne le pourroit pas fans anéantir une reffource utile, même à fa corruption... Difons tout en deux mots: l'autorité voudra toujours que l'intérêt de l'argent foit le moindre poffible, & fera, par conféquent, éternellement intéreffée à la ftabilité de la caiffe d'efcompte; ce qui néceffite l'affermiffement de la confiance publique dans fes opérations, tandis que les adminiftrateurs & les ac-

tionnaires, du moins tels que nous les connoiſſons
juſqu'à préſent, voudront la plus forte accélération
poſſible de bénéfices; ce qui ſuppoſe pour tout principe & pour tout eſprit l'intérêt du moment, &
entraîne l'uſage excluſif de tous les moyens qui peuvent le ſervir.

Que ſi l'on vouloit encore diſtinguer l'autorité de
ſes agens, & nous faire redouter du moins l'influence
de ceux-ci dans l'adminiſtration de cette banque,
ce ne ſeroit pas un motif ſuffiſant pour en exclure
le gouvernement : car, en tout état de cauſe, ſes agens
auront des moyens faciles de s'arranger avec les adminiſtrateurs de la caiſſe, & leur connivence ſeroit
évidemment plus dangereuſe que tous les excès cal-
culables de l'autorité agiſſante ouvertement, & d'après
des regles auxquelles leur ſeule publicité donneroit de
la permanence & un caractere de loi : car dans la
premiere ſuppoſition, les agens du gouvernement,
au lieu d'être comptables, ne ſeroient plus que des
corrupteurs de l'adminiſtration de la caiſſe, qui, loin
de craindre en eux des ſurveillans, n'y verroit que
des aſſociés & des protecteurs.

On peut donc admettre dans toute leur étendue
les abus que l'on redoute dans les monarchies, &
conclure encore qu'il ne ſauroit y en avoir de plus
à craindre pour le crédit de la caiſſe que la cupidité des actionnaires laiſſée à toute ſa liberté.

C'eſt lorſque l'intervention du gouvernement dans
l'adminiſtration des banques de ſecours eſt à la diſ-

crétion de l'intérêt privé qu'elle eſt vraiment redoutable. Alors elle agit ſubitement, arbitrairement, momentanément ; elle s'applique preſque toujours à un
cas particulier & tellement preſſant, que les vues
générales lui échappent ; elle contrarie par ces érup-
tions ſubites, des principes, des maximes qu'elle doit
reſpecter, & qu'on ne ſauroit modifier ou changer
pour des circonſtances paſſageres, pour des intérêts
privés & momentanés, qui, le plus ſouvent, ne méritent que de l'indifférence.

Nous en avons un exemple récent dans l'arrêt
du 24 Janvier uniquement obtenu par des conſidérations de ce genre, & dont nous nous permet-
trons d'examiner les motifs & les conſéquences, parce que cette diſcuſſion, importante à la théorie du
vrai droit de propriété, vient d'ailleurs à l'appui des
vérités que nous nous ſommes propoſé d'établir. On
en ſentira d'autant mieux que, ſi, comme nous
croyons l'avoir ſuffiſamment montré, l'intervention
de l'autorité eſt néceſſaire dans l'adminiſtration de la
caiſſe, s'il n'y a aucune raiſon de s'en effrayer,
pourvu qu'elle ſuive des regles, il eſt d'une très-
grande importance que ſa ſurveillance ſoit établie
ſous une forme qui la rende propre à défendre dans
tous les inſtans l'intérêt du public contre celui des
actionnaires, ou contre les vues particulieres des
adminiſtrateurs. C'eſt l'unique moyen de prévenir
non-ſeulement de nouveaux chocs entre ces intérêts,
mais tout acte éclatant de l'autorité, qui étant occa-

fionné par des accidens, & excite toujours plus ou moins de fermentation, de méfiance, d'intrigues, dont le bien de la chose n'est jamais l'objet.

CHAPITRE VII.

Arrêt du 24 Janvier 1785.

Lorsque l'enthousiasme eut fait hausser à un prix inattendu les actions de la caisse d'escompte ; lorsque les spéculateurs eurent persuadé au public que le dividende seroit très-élevé ; lorsqu'en un mot, la cupidité fut encouragée par des manœuvres, des succès & des illusions de tout genre, il s'éleva de toutes parts des acheteurs & des vendeurs de dividendes ; sur quoi il est à remarquer que la premiere idée des marchés qui se contracterent alors prit naissance chez ceux qui voulurent acheter, qu'eux seuls les solliciterent, qu'eux seuls en dicterent les conditions.

La plupart de ces marchés ont été faits à *prime*, c'est-à-dire que l'acheteur a reçu en argent comptant une somme quelconque, moyennant laquelle il s'est engagé à recevoir du vendeur une certaine quantité de dividendes, & à les payer un prix convenu.

Ces dividendes devoient être livrés à l'acheteur contre le paiement, quelques jours après qu'ils auroient été fixés dans l'assemblée générale de la caisse d'efcompte. Si la différence entre le prix auquel les dividendes étoient vendus & la fomme à laquelle ils feroient fixés, étoit à l'avantage du vendeur, celui-ci pouvoit s'exempter de la livraifon en fe faifant payer par l'acheteur cette différence.

Et dans le cas contraire, le vendeur n'étoit tenu à aucune livraifon, ni à aucun dédommagement envers l'acheteur ; la prime une fois payée par le vendeur faifoit toute fa perte & , par conféquent, tout le bénéfice de l'acheteur. Cette prime étoit, à proprement parler, un prix payé par le vendeur pour s'exempter de toute autre perte, fi l'événement ne tournoit pas à fon avantage ; en aucun cas elle ne devoit être reftituée (1).

Lorfque dans l'affemblée générale de la caiffe d'efcompte du 12 Janvier, les partifans des hauts di-

_____

(1) Il s'eft fait d'autres ventes dont les conditions étoient inverfes de celles qu'on vient de lire, c'eft-à-dire que le vendeur s'engageoit à livrer des dividendes à un prix déterminé, & que l'acheteur, en donnant lui-même une prime au vendeur, s'étoit réfervé de ne recevoir ni payer les dividendes, fi l'événement de la fixation étoit à fon défavantage. Dans le cas contraire, le vendeur ne pouvoit s'exempter de livrer les dividendes qu'en payant la différence à l'acheteur. — Ainfi, dans la première forme de ces ventes, le vendeur ne pouvoit perdre que la prime qu'il donnoit, & le bénéfice qu'il pouvoit faire étoit indéfini. Dans la feconde forme, il pouvoit faire une perte indéfinie, tandis que fon gain étoit limité.

videndes furent parvenus à faire rejetter la motion de subordonner le dividende à l'état exact des *béné-fices nets & réalisés*, lorsque l'arrêt du 16 Janvier eut rappellé l'administration de cette banque à l'exécution des statuts, les acheteurs de dividendes & tous ceux qui avoient intérêt qu'il fût fixé au prix annoncé depuis long-tems au public, furent consternés, puis furieux ; & l'assemblée générale, où ils avoient la prépondérance, arrêta dans une seconde séance d'adresser au Roi des *représentations sur le tort que pourroit faire cet arrêt au crédit de la caisse*. Ces représentations réussirent mal, & si mal, que les commissaires furent obligés de retirer leur requête, à cause des expressions irrespectueuses qu'elle renfermoit, bien heureux que la bonté peu prévoyante du ministre leur permît de retirer de ses mains ce monument d'inconséquence & de déraison. On sait aujourd'hui comment l'administration de la caisse d'escompte a reconnu ce bienfait.

Aussi-tôt les commissaires changerent de plan, & joignirent à des représentations plus modérées les observations suivantes :

» Les commissaires se plaisent à croire que S. M.
» n'eût pas été dans le cas de faire intervenir son
» autorité, sans la vente illicite de dividendes faite
» dans le courant de ce semestre par plusieurs in-
» dividus qui ne possèdent pas ce qu'ils ont promis
» de livrer, & qui ont fait naître un choc d'inté-
» rêts, qui seul a causé les discussions ; d'un côté

» les vendeurs de dividendes ont cherché à faire
» baisser le taux auquel il seroit fixé par tous les
» moyens possibles ; ils ont cherché à trouver dans
» les arrêts du Conseil précédens des interprétations
» conformes à leurs vues , & se sont appuyés sur des
» motifs de prudence , de confiance & de bien pu-.
» blic, toujours favorables aux yeux du citoyen. Les
» acheteurs , au contraire , ont employé toutes leurs
» ressources , toute leur influence pour augmenter ce
» même dividende ; mais au milieu de tous ces dé-
» bats, l'actionnaire impartial & paisible ne desiroit
» que de conserver la liberté de sa propriété , & de
» présenter au public par le sacrifice que sa prudence
» eût pu faire d'une partie de ses bénéfices , un hom-.
» mage pur & libre en échange de la confiance
» qu'il eût méritée de sa part.

» Pour faire cesser promptement le désordre de
» cet agiotage & en prévenir les suites fâcheuses ,
» les commissaires auront recours à l'autorité du roi,
» en suppliant S. M. dans une requête particuliere
» de proscrire des engagemens que les loix , l'ordre
» public & la confiance réprouvent «.

Cette requête *particuliere* fut présentée en effet
par les commissaires de la caisse d'escompte qui
n'avoient cependant aucune million de leurs com-
mettans pour demander la proscription des marchés de dividendes (1). Alors, & par des causes

_____

(1) Je sais que les commissaires de la caisse d'escompte

qu'il feroit difficile d'énoncer avec la fidélité d'un
hiftorien & la fageffe d'un homme qui veut la
paix pour lui-même & pour les autres, ils ob-
tinrent l'arrêt du 24 Janvier de cette année, *qui*
déclare nuls les marchés de primes & les engage-
mens illicites concernant les dividendes de la caiffe
d'efcompte & autres de pareil genre. Voici le
préambule de cet arrêt qui expofe fes motifs ; & qui
fe trouve mot-à-mot dans la requête d'après laquelle
l'arrêt a été rendu.

---

prétendent en ce moment, & font circuler dans les cer-
cles & à la bourfe qu'en *requérant* l'arrêt du 24 Janvier, ils
n'ont point outrepaffé leur miffion ; que cette réquifition
eft renfermée dans un mémoire lu à l'affemblée des aftionnaires, & que celle-ci a décidé d'annuller à fa délibération. Cette allégation eft fauffe & de mauvaife foi. L'extrait des regiftres de l'affemblée, publié authentiquement, porte :

» MM. Cottin & Bofcary ont lu deux motions ten-
» dantes à ce que fe foumettant à l'arrêt du Confeil du
» Roi du 16 du courant, il fût préfenté à S. M. de très-
» humbles & très-refpeftueufes repréfentations fur le tort
» que pourroit faire ledit arrêt au crédit de la caiffe,
» fur quoi l'affemblée a décidé d'annexer ledit mémoire à
» fa délibération, ce qui a paffé à la pluralité de trente-fix
» voix, trois fans avis, & trois contre «.

On voit qu'il n'y a dans cet extrait aucun veftige d'une
autorifation pour une réquifition auffi extraordinaire que
celle de l'arrêt du 24 Janvier ; & fi le vœu de l'affemblée étoit qu'une pareille réquifition fût faite, comment ce
vœu n'auroit-il pas été formellement exprimé, comme ce-

» Sur ce qu'il a été représenté au roi par les com-
» missaires de la caisse d'escompte, que depuis trois
» mois & notamment dans les derniers jours du
» mois de Décembre, il s'étoit fait sur les divi-
» dendes des actions de cette caisse *un trafic telle-*
» *ment désordonné, qu'il s'en étoit vendu quatre*
» *fois plus qu'il n'en existe réellement*, que la preu-
» ve en étoit acquise & mise sous les yeux de S.
» M. par l'exhibition d'une grande quantité de ces
» marchés qui portent la réserve de leur inexécu-

---

lui *de présenter à S. M. de très-humbles & très-respectueuses*
représentations sur le tort que pourroit faire l'arrêt du 16
Janvier au crédit de la caisse?

Assurément il l'auroit été; & la preuve en est sans ré-
plique. Ces motions contenoient également & la proposi-
tion que l'on vient de lire, & celle de demander l'anéan-
tissement des marchés de dividendes. L'assemblée a délibéré
de porter aux pieds du trône les représentations sur l'arrêt
du 16, & n'a pas dit un mot de la demande relative aux
dividendes ; elle l'a donc évidemment rejettée.   •

Toute assemblée qui délibere exprime son vœu par sa
délibération, ou ne vote pas, on ne doit lui connoître d'autre volonté que celle qui a été l'objet de sa délibération ; il n'y auroit sans cela point d'assemblée à qui l'on
ne pût faire dire ce qu'on voudroit qu'elle eût dit. Et si l'on
a voulu faire entendre que craignant d'éveiller l'attention
des vendeurs de dividendes, l'assemblée a donné en secret une
mission pour que les vendeurs de dividendes ne pussent pas parer le coup qu'on leur préparoit ; il faut s'expliquer plus clairement : car nous devons nous interdire une telle supposition, &

» tion, moyennant des primes payables comptant,
» en proportion du prix plus ou moins fort que les
» dividendes pourroient acquérir ; qu'ils croyoient
» *de leur devoir de dénoncer à S. M. un abus qui*
» *pourroit compromettre la fortune de ses sujets,*
» *& auquel seul doivent être attribuées les dif-*
» *cussions fâcheuses qui s'étoient élevées parmi les*
» *actionnaires, lesquelles cesseroient indubitable-*
» *ment par la sévérité qu'ils supplioient S. M.*
» *d'employer pour proscrire & annuller des con-*
» *ventions également contraires à la bonne foi,*

───────────────────────────────

nous ne voyons pas qu'une mission de ce genre puisse être
reconnue. Enfin si les commissaires persistent à dire que l'ad-
jonction des mémoires Cottin & Boscary, est une *mission*,
il faut incontestablement en conclure que ces Messieurs sont
les *commissaires Cottin & Boscary*, & non les *commissaires*
de la caisse d'escompte.

Nous avons cru ce détail nécessaire, parce que le nouvel argument des commissaires de la caisse d'escompte pour
se justifier d'avoir outre-passé leur mission, étant très-récent,
&, par conséquent, postérieur aux défenses des vendeurs
de dividendes, qui d'ailleurs n'ont pas été publiées, il pourroit séduire quelques personnes peu instruites. Au reste,
comment l'assemblée des actionnaires auroit-elle donné à ses
commissaires une mission sur un objet tout-à-fait indifférent
à la caisse d'escompte ? Car il importoit peu à cette banque qu'on eut vendu des dividendes au delà de ce qu'elle
en devoit payer, puisqu'elle n'en payoit pas pour cela un
seul de plus, & elle n'a, ni ne peut avoir le droit d'empêcher quelqu'un de parier pour ou contre ses opérations.

» *au bon ordre & au crédit public.* S. M. ayant
» donné une attention particuliere à l'objet de cette
». requête , & s'étant fait rendre compte en son
» Conseil *de tous les faits qui y sont relatifs* , a
» reconnu qu'en effet les marchés qui ont eu lieu
» par rapport aux dividendes des actions de la caisse
» d'escompte , du dernier semestre , sont d'autant
» plus *intolérables* , *que soit de la part des ven-*
» *deurs* , *soit de celle des acheteurs* , *on a voulu se*
» *prévaloir insidieusement de connoissances qui pro-*
» *mettant aux uns & aux autres des avantages*
» *certains* , *rendoient les conditions inégales* , *& ne*
» *pouvoient produire que des gains illicites ;* que
» de pareils actes , enfantés par un vil excès de
» cupidité , dont le caractere des jeux infideles , que
» la sagesse des loix du royaume a proscrits , & qui
» tiennent à un esprit d'agiotage qui , depuis quel-
» que tems s'introduit & fait des progrès aussi nui-
» sibles à l'intérêt du commerce & aux spéculations
» honnêtes , qu'au maintien de l'ordre public ; que
» c'est ainsi qu'à l'occasion du dernier emprunt ,
» on a vu négocier jusqu'à l'espérance d'y être ad-
» mis , & s'élever ensuite les discussions scanda-
» leuses sur la prétendue valeur d'engagemens né-
» cessairement illusoires ; qu'aujourd'hui le même
» esprit & l'animosité qu'il a produite entre ceux
» que l'avidité de gagner & la crainte de perdre ont
» échauffés les uns contre les autres , est l'unique prin-
» cipe de la fermentation qui existe relativement

» à la nature & à l'étendue des bénéfices partagea-
» bles à la fin de chaque femeſtte pour la forma-
» tion des dividendes ; qu'au ſurplus, quel que doive
» être le réſultât de ces débats , il n'intéreſſe en
» rien la ſolidité de la caiſſe d'eſcompte , qui en
» eſt abſolument indépendante , ni la valeur des
» actions, que la ſage réſerve d'une partie des bé-
» néfices ne peut qu'améliorer , mais qu'il eſt très-
» important de réprimer un déſordre dont la ſource
» excite la juſte indignation de S. M. , & de réta-
» blir la tranquillité en réprouvant les actes qui ont
» fait naître le déſordre «.

Qu'eſt il réſulté de cet arrêt , de cette intetven-
tion ſubite de l'autorité dans des marchés faits libre-
ment entre négocians qui ſavent ou doivent ſavoir calculer ? C'eſt que les acheteurs de dividendes
ont excipé de cette loi rétroactive pour ſe ſouſtraire
à leurs engagemens. S'étonner d'un pareil procédé ,
du moins parmi nous, où les principes & les droits du
commerce ſont encore ſi peu connus, ce ſeroit rêver
l'innocence de l'âge d'or, ou plutôt oublier que dès
long-tems l'âge de boue a pris la place de l'âge d'airain.

Cependant s'il eſt une infraction ſcandaleuſe à la
foi publique & particuliere ; s'il eſt un attentat évident à la loi ſainte de la propriété , c'eſt , à notre avis,
un procédé ſemblable , & ce qui n'eſt pas moins
effrayant , cet attentat bleſſe l'honneur de ceux qu'il
dépouille (1).

_____

(1) Je ſais que les commiſſaires diſent en cet inſtant que

Malheur à nous, fi rencontrant de telles vérités
fur notre route, une confidération quelconque nous
les faifoit négliger ou diffimuler. Je vais marcher
fur des cendres trompeufes, fur des cendres fuman-
tes ; je le fais : mais celui qui craint d'éclairer l'autorité trompée ou furprife ; celui-là feul à mes yeux
outrage le gouvernement. Et quelle confiance infpire-
rois je aux honnêtes gens quand j'invoque l'intervention
de l'autorité dans l'adminiftration de la caiffe d'efcompte, fi j'en diffimulois les inconvéniens, ou plutôt
fi je ne montrois pas que ces inconvéniens viennent
uniquement de ce qu'on a fubftitué l'intervention inf-
tantanée du gouvernement à fon infpection habituelle ?

les dividendes n'ont été fixés que le 26 Janvier, & que
l'arrêt eft du 24 ; qu'ainfi les marchés ont été annullés
avant qu'on pût favoir s'ils feroient favorables aux vendeurs ou aux acheteurs, & que par conféquent perfonne
n'a été dépouillé.

Quand on n'a pour fe juftifier que de pareilles raifons,
il feroit plus décent de les taire ; on n'infulteroit pas à la
fois au public & à fa propre confcience. Eft-ce du fort des
marchés que dépendoit la juftice de leur caffation ? N'en-
levât-on , par un acte d'autorité arbitraire , à un vendeur ou
à un acheteur, que l'efpérance d'un gain, ne feroit-ce pas
lui ôter quelque chofe ? Et cette efpérance ne peut-elle pas
s'être changée en certitude avant le moment où elle doit
être réalifée ? Y auroit-il de la juftice à annuller une affurance, quand toutes les apparences annonceroient le vaiffeau
perdu ou arrivé, parce qu'on auroit annullé cette affurance
avant l'avis légal de l'événement ? Qu'eft-ce qui a évidemment démontré que les marchés de dividendes feroient fa-

Nous laisserons aux intéressés la discussion des faits sur lesquels cet arrêt a été obtenu, & qui nous ont paru faux & frivoles, nous la leur laisserons, dis-je, parce que des considérations générales nous ont seules appellé dans cette cause, parce que d'ailleurs les tribunaux sont les juges des faits, & qu'il faut suspecter la bonne foi de ceux qui craignent de les soumettre à leur examen.

Mais après avoir remarqué que les commissaires de la caisse d'escompte ont obtenu l'arrêt rétroactif qui annulle les marchés de dividendes au moment même où ils se plaignoient avec fureur que l'arrêt du 16 Janvier avoit un effet rétroactif (& certes ils se trompoient, puisque rien n'étoit déterminé sur le

vorables aux acheteurs ? C'est le compte rendu des bénéfices de la caisse ; c'est l'arrêt du 16 Janvier qui prévint l'intention qu'avoit l'assemblée des actionnaires de fixer un dividende fort au dessus des bénéfices. Comment donc ose-t-on avancer que l'arrêt qui casse les marchés de dividendes est antérieur à la connoissance du résultat de ces marchés ?

Et d'ailleurs, une propriété d'argent est-elle la seule que l'arrêt du 24 Janvier enleve à ceux qui ont vendu des dividendes. Cet arrêt n'attaque-t-il pas leur honneur ? Et cet honneur qu'il leur enleve sans même les avoir entendus, dépend-il du moment où l'arrêt a été rendu ? Si les acheteurs de dividendes sont indifférens à leur honneur, pourvu qu'ils gardent leur argent, il ne s'ensuit pas que les vendeurs doivent se conduire de la même maniere & dans les mêmes principes ?

dividende

dividende lorfque cet arrêt fut rendu) après avoir
jetté ce regard de mépris fur leur inconféquence ou
leur mauvaife foi, nous examinerons les motifs de
l'arrêt du 24, par lequel on a cru pouvoir difpenfer
des hommes du refpect voué par tous autres que les
brigands à la foi publique & privée ; nous les examinerons, dis-je, non-feulement pour montrer au
gouvernement une grande injuftice à réparer, mais
plus encore pour fixer, s'il nous eft poflible, les principes fur cette matiere, & pour combattre un préjugé qui, comme tous les autres, tenant à la vérité
par quelques côtés, mais feulement par quelques
côtés, abufe de très-bons efprits, des penfeurs très-
eftimables, des philofophes très-éclairés. Peut-être
aufli dois-je compter pour quelque chofe cette occafion de rendre élémentaires des idées & de définir des mots peu ou mal connus du plus grand nombre des lecteurs. Tant qu'on eft fort en deçà de la
ligne qui fépare le jufte de l'injufte, ce qu'on peut
faire fans perdre l'honneur, de ce qui ne fe peut fans
honte, aflez peu importe de faire remarquer cette
ligne ; mais quand la force des chofes nous a con-
duits fur fes bords, c'eft renforcer cette ligne, c'eft
en rendre le paffage difficile, que de la définir aflez
nettement pour en donner une idée jufte & précife.
D'ailleurs, fi la langue des finances & celle du commerce ne deviennent pas familieres, les empiriques
en ce genre fe joueront de la crédulité publique aufli
long-tems qu'ils auront intérêt à la tromper. Eh !
quand cefferont-ils d'avoir cet intérêt ?   F.

CHAPITRE VIII.

Examen des motifs fur lefquels l'Arrêt du Confeil du 24 Janvier 1785 a été rendu.

Si nous entreprenons de prouver que les motifs fur lefquels cet arrêt a été rendu, ne fauroient en établir ; nous ne difons pas la juftice (Dieu même ne peut pas faire qu'une loi rétroactive foit une loi jufte), nous difons la convenance, ce n'eft pas que nous ignorions ou que nous voulions diffimuler ce qu'un philofophe pourroit dire, foit en morale, foit en théorie politique, contre les marchés qui en font l'objet dans leur rapport avec le jeu.

A Dieu ne plaife que nous foyons les apologiftes du jeu, ou même, & pour parler avec plus de juftefle, des fpéculations quelconques dans lefquelles peu de tems & peu de moyens déterminent des bénéfices qui ne doivent être le fruit que du travail long & affidu d'un grand nombre d'hommes, & peut-être de grandes avances. Nous favons tout ce que le fyftême funefte des fpéculations de finances a coûté de bonheur & d'innocence aux fociétés ; nous favons ce que peut & doit produire l'action de la cupidité exaltée par la facilité de faire des bénéfices très-confidérables & très-accélérés ; nous favons que la manie ou plutôt la fureur du jeu infefte tous

les rangs ; trouble le repos , fouille les mœurs, ifole
& deſſèche les hommes ; nous favons fur-tout que
le jeu fur les fonds publics , en facilitant les emprunts dont il fouleve le poids , favorife les paſſions
des adminiſtrateurs , exagere, égare , enivre la puiſ-
fance, fomente , reſſerre , confirme l'efclavage , ag-
grave l'oppreſſion & dégrade l'efpece humaine : car
lorfque l'homme n'eſt plus qu'une denrée , il eſt impoſſible qu'il foit même la premiere.... Nous favons
tout cela & ſi l'on pouvoit donner fubitement aux
hommes réunis un autre ordre de chofes à choifir , ou
s'il étoit feulement queſtion de propofer des réformes ,
nous ofons le dire fous la dictée de notre confcience , il
eſt peu d'hommes peut-être qui préfentaſſent avec
plus d'énergie & d'étendue que nous , toutes celles
que le bonheur du genre humain réclame depuis trop
long-tems.

Mais ſi tel eſt l'état de maturité , ſi ce n'eſt de
pourriture , auquel les corps politiques font parvenus , que toutes les réformes qui fuppofent la reconſ-
truction de l'édifice focial , ou plutôt de toutes les fociétés , que toutes ces réformes confidérées dans l'étendue & la généralité qu'elles devroient avoir pour
être réelles , fûres , eſſentielles & durables , ne font
plus que des *utopies* impoſſibles à réalifer ; ſi l'on
ne doit rien efpérer à cet égard que des ſiecles ou
des révolutions dont l'imagination s'effraie ; faut-il
en attendant , provoquer , confommer , juſtifier par
des déclamations plus oratoires que morales (car

mal eft ce qui nuit, & feulement ce qui nuit), faut-il
juftifier des injuftices particulieres qui bleffent profon-
dément les foibles reftes de la morale de la nature ,
je veux dire ces principes de bonne foi, qui feuls dans
la fentine de corruption que la civilifation produit
plutôt ou plus tard, mais infailliblement , puiffent encore unir les hommes ? Et parce qu'en écrivant pour
des nations nouvelles, ou en nous livrant à des abf-
tractions philofophiques dont le développement & la
déduction produifent toujours quelques vérités de détail utiles , du moins pour les générations futures ,
nous avons tracé les principes d'une morale fpécu-
lative dont aucune inftitution civile n'auroit altéré la
pureté , pourquoi nous feroit-il défendu de confidérer
quels font les droits des hommes dans un ordre de
chofes qu'hélas ! ils n'ont point choifi , relativement
aux occupations peu favorables, peu intéreffantes ,
affligeantes même , ou fi l'on veut déplorables, qu'en-
fantent les combinaifons de l'induftrie , lorfque de
mauvais gouvernemens, des gouvernemens ignorans
& diffipateurs l'ont condamnée à l'indifférence des
moyens , en difgraciant toutes les profeffions plus
douces , plus heureufes, plus aimables ?

Inftituteurs des humains, oublierez-vous fans ceffe
ou feindrez-vous toujours d'ignorer que les rapports font la bafe de toute morale ? Vous mécon-
noiffez, vous intervertiffez , vous diffimulez , vous
déguifez tous les rapports, vous confondez le confeil & le précepte , le précepte & le confeil ; au

foible, au pauvre, à l'infortuné, vous ne départissez
que des devoirs ; au fort, au riche, au puissant,
vous adjugez tous les droits, & vous voulez tracer
des codes de morale ! … Instituteurs des humains,
jugez les gouvernans, si vous voulez juger les gouvernés ; rendez-nous l'âge d'or, ou n'exigez pas de
nous son innocence …

Eh ! si l'œil austere de la philosophie tomboit
sur les professions les plus honorées de la société ;
s'il lui falloit apprécier, par exemple, cet horrible
jeu de la guerre auquel nous accordons tant de
gloire, & qui mérite tant d'infamie ; qu'y verroit
donc un sage, un moraliste, si ce n'est l'épouvan-
table férocité de ceux qui, pour un intérêt quelconque, & sans avoir même l'excuse d'un ressentiment
personnel, vont égorger eux & leurs semblables ?
Quel homme portant un uniforme ne lui feroit pas
horreur ? … Cependant des hommes honnêtes éta-
lent journellement à nos yeux cet habit de déso-
lation & de carnage. Il faut donc convenir que dans
un certain ordre de choses un homme même assez
moral peut faire un métier, une spéculation, un
gain très-immoral dans ses conséquences.

Nous ne sommes point appellés à développer ici
les causes qui ont amené la corruption & les maux
de la société, à démontrer que les crimes, les vices,
& presque les erreurs des hommes réunis en société sont toujours les crimes, les vices & les erreurs de leurs chefs ; nous dirons seulement que

F iij

ce n'eſt point après avoir tendu toutes ſortes d'appâts à
la cupidité, que ces chefs ont droit de crier aux peuples: JE VOUS DÉFENDS D'ÊTRE CUPIDES; nous
dirons que ce n'eſt pas après avoir dreſſé des tables
chargées de mets qu'il faut gourmander l'appétit
des convives. Il faut au contraire, & c'eſt un devoir étroit, aſſurer à chacun la paiſible jouiſſance
de la portion qu'il a ſu ſe procurer, quand pour
cela, il n'a employé ni la fraude, ni la violence.
Si les convives doivent prendre des leçons de tem-
pérance au milieu de tout ce qui les ſollicite à la
diſſolution, ce ne peut être que de leur propro
expérience ; c'eſt leur ſanté délabrée qui doit les
rappeller au régime de la ſageſſe. Tout autre moyen,
tant que la table eſt dreſſée, tant qu'on la charge
ſans ceſſe, tant que les invitations ſe répetent à
chaque moment, n'eſt qu'une·contradiction abſurde
& tyrannique, qui, tout au moins irrite en pure
perte les convives les uns contre les autres. — Parlons ſans figure.

Le jeu ſur les fonds publics ſuppoſe des fonds
publics ; les fonds publics, des emprunts ; les emprunts,
de grands beſoins dans l'Etat ; les beſoins, la dé-
treſſe ou la corruption : dans la gradation des maux
politiques, à l'extrêmité de l'échelle, le jeu eſt donc
produit & non *générateur.* Le jeu, le goût du
jeu n'exiſte ſans doute que dans les Etats corrompus
& rongés de maux politiques & moraux ; mais ces
maux & cette corruption lui ſont, ſinon étrangers,

du moins antérieurs. Là où il y a des impôts exceffifs,
des emprunts deftructeurs, un crédit public, là on
joue néceffairement fur les fonds publics. En pro-
nonçant contre ce jeu, la loi prononceroit contre
elle-même ou contre le gouvernement qui a créé la
dette. Quoi ! les gouvernemens auroient fait naître, ils
provoqueroient, ils ftimuleroient, ils alimenteroient
fans ceffe cette fureur ; ils emprunteroient, ils joue-
roient, ils irriteroient par toutes les amorces ima-
ginables la cupidité des joueur ; ils chercheroient à
dépouiller même les dernieres claffes garanties de
la corruption par leur indigence ; le fruit avorté,
amaigri, defféché de leurs travaux, ils chercheroient à l'attirer par toutes fortes de rufes ! Et c'eft le
peuple, ce font les joueurs qui auroient tort ! . . . Je
m'arrète, il le faut bien, mais malheur à qui invoque l'injuftice pour réparer l'injuftice ! Malheur
à qui confeille au gouvernement de chercher à com-
bler par des prohibitions tyranniques l'abîme qu'il
a creufé de fes mains ! Malheur à qui croiroit qu'avec
des réglemens on peut refaire la morale, & féparer
les effets de leurs caufes ! . . .

Pour nous, qui nous fommes élevés à ces confidérations générales dans la feule vue d'éclairer notre
confcience, nous combattrons fans remords la loi
(car en France on appelle *loix* les arrêts du Confeil) ;
nous combattrons fans remords la loi que nous dénon-
çons aux hommes d'Etat & fur-tout aux moraliftes
Difcutons les motifs fur lefquels elle eft fondée.

Les marchés des vendeurs & des acheteurs ont été enfantés par l'excès de la cupidité ; ces spéculations entraînent l'esprit d'agiotage ; elles font naître le goût du jeu , sont contraires au crédit public , nuisent au commerce & blessent le bon ordre. — Tels sont en résumé , nous l'avons vu dans le chapitre précédent , les griefs dénoncés au gouvernement au sujet des vendeurs & des acheteurs de dividendes, par les commissaires de la caisse d'escompte , & l'arrêt du 24 semble avoir consacré la vérité de leurs allégations. Nous entreprenons de montrer dans ce chapitre que tous ces grands mots sont , dans l'application qu'on leur donne ici, à peu près vuides de sens.

LES MARCHÉS DE DIVIDENDES ONT ÉTÉ ENFANTÉS PAR UN EXCÈS DE CUPIDITÉ ...

Qu'entend-on par *cupidité ?* .. Le sentiment de l'intérêt appliqué à la richesse. Le mot *cupidité* n'offre donc par lui-même aucune idée précise. C'est un de ces mots vagues avec lesquels on peut condamner le *spéculateur* le plus honnête : car il n'est point de spéculation que ne dirige l'intérêt , & tout intérêt peut s'appeller *cupidité.* On ne peut donc blâmer , ni même reconnoître la cupidité dans le sens odieux de ce mot que lorsqu'il y a de la mauvaise foi. Dans toute autre circonstance , ce

qu'on appelle *cupidité* n'eft qu'une ardeur aux affaires, qu'on loue ou que l'on blâme felon leur bon
ou mauvais fuccès. Eh ! qui commerceroit, s'il n'avoit
pas l'efpoir & le defir non-feulement de gagner,
mais de gagner beaucoup ? Quand dans l'état actuel
des chofes on parle de *cupidité* pour la condamner, il faut donc qu'elle foit accompagnée d'aftuce
& de mauvaife foi ; ou l'on eft injufte, ou l'on
ne s'entend pas.

Or, y a-t-il eu rien de femblable dans les marchés
de dividendes jufqu'au moment où l'arrêt du 24 les
a anéantis ? Des négocians ont vendu des dividendes, parçe que des négocians en recherchoient,
avoient intérêt d'en acheter, propofoient eux-mêmes les conditions du marché (1). Le vendeur

_____

(1) Si l'intérêt qui a porté les vendeurs à contracter peut
être taxé de cupidité, je voudrois favoir comment on qua-
lifiera la conduite des acheteurs, qui fe fouftraient aujour-
d'hui à leurs engagemens à caufe de la perte qui en réfulte
pour eux. L'activité avec laquelle ils cherchoient à acheter
des dividendes au moment même où ils fe conduifoient de
maniere à provoquer par leur délire l'arrêt du 16 Janvier,
n'étoit donc que la pourfuite d'une proie qu'ils fe promettoient de lâcher fans qu'il leur en coûtât rien, fi la fixation des dividendes leur échappoit ? Et les vendeurs font
punis d'être tombés dans ce piege, & les acheteurs jouiffent avec fécurité des bénéfices que le fimple fait d'acheter
des dividendes leur a procurés fur les actions qu'ils ont
vendues !

étoit maître de son argent ; l'acheteur étoit en pleine liberté ; le public n'étoit nullement intéressé dans ce marché ; il n'y étoit pas question de lui (1) ; la perte n'influoit pas sur lui ; le marché étoit libre & réciproque. Qu'y a-t-il là d'odieux & d'illicite ?

CES SPÉCULATIONS ENTRAINENT L'ESPRIT D'AGIOTAGE....

L'Agiotage !.... De tous les mots qui n'énoncent pas nettement l'idée qu'ils renferment, & c'est assurément le plus grand nombre, *agiotage* est peut-être celui dont on a le plus étrangement abusé faute de l'entendre.

Agioter, disent les dictionnaires, c'est faire valoir son argent à gros intérêt, c'est faire un trafic usuraire des billets, promesses, ou autres papiers que les malheurs de l'Etat ont discrédités. — Cette définition seroit étrangement incomplette, si elle n'étoit pas parfaitement fausse.

_____

(1) Je sais que les commissaires de la caisse d'escompte ont exposé que ces marchés *pourroient compromettre la fortune des sujets du Roi* ; or, la raison est bien choisie : car outre la convenance que ces MM. trouvent apparemment à dépouiller un homme de sa propriété sur des *possibilités*, il a été prouvé que le montant des différences perdues n'excédoit pas la somme de 450,000 liv. Vous voyez bien que voilà de quoi compromettre la fortune des 20 millions de sujets du Roi qui vivent dans le royaume, & dont plus de 19 assurément n'ont jamais entendu parler de la caisse d'escompte.

Agioter dérive du mot *agio*, qui dans son sens primitif désigne tantôt le change, tantôt le prix des avances des négocians, c'est-à-dire, deux choses très-licites. Quand les connoissances sur le change & sur le commerce s'étendirent, l'agio devint plus animé ; il fut un moyen de fortune, & le public, victime éternelle de l'inégalité des fortunes, toujours porté à croire que les grands bénéfices ont des sources peu honnêtes, déshonora le trafic de *l'agio*, sans entendre ni ce trafic, ni le nom qu'il lui donnoit ; de là vint le mot *agiotage* ; de là le mépris attaché à l'épithete d'*agioteur*.

Le public se confirma dans la haine & le mépris qu'il portoit à ce trafic, quand il le vit s'étendre sur les dettes de l'Etat, quand il vit des agioteurs acheter à très-bas prix, comme cela devoit être, des papiers décriés. Il alla même jusqu'à le regarder comme affreux, parce qu'il le crut payé de son sang. Il le chargea de l'exécration que méritoient les déprédateurs qui, en ruinant la nation, avoient discrédité les effets publics & provoqué l'agiotage.

On doit commencer à voir que ces mots vagues de *trafic usuraire*, de *trafic illicite*, ont occasionné une grande confusion d'idées, & beaucoup de préjugés très-injustes : non certes que je veuille justifier toute espece d'agiotage ; mais plus l'agio, & surtout l'agio sans concurrence, a fait de mal aux nations, & plus il est important de remonter aux causes, au lieu de confondre les effets ; plus l'agiotage coupable mérite de mépris, & plus il convient de le difcerner de celui que l'on ne peut ni ne doit empêcher. L'agiotage, c'eft-à-dire, le commerce des avances d'argent, dont on fuppofe que les marchés de dividendes entraînent l'efprit, exifte avant les fpéculations de ce genre, exifte indépendamment d'elles, & n'eft prefque pas plus au pouvoir de l'opinion qu'à celui de l'autorité. Il eft le fruit naturel des circonftances qui ne font point l'ouvrage des agioteurs, & qu'ainfi le public ne doit point leur imputer.

L'Etat qui a des befoins, qui eft ou qui fe croit forcé à les fatisfaire promptement, emprunte. Plus fes befoins font grands, plus grands auffi doivent être les avantages qu'il fait aux prêteurs ; plus il a de crédit, moins il offre, moins il donne, & réciproquement. L'agiotage & les fpéculations financieres naiffent donc au fein des emprunts. Que les emprunts foient mauvais, impolitiques, injuftes, odieux, tout cela ne fait pas que celui qui cherche à placer fon argent le plus sûrement & le plus avantageufement poffible ne faffe une chofe très-naturelle & très-licite. Si l'agioteur eft franc & ouvert dans fes opérations, s'il eft fidele à fes engagemens, s'il ne veut pas tout-à-la fois *profits énormes* & *sûreté complette*, il ne mérite ni reproche ni blâme ; fes fpéculations ont droit à la fauve-garde du gouvernement, & la foi particuliere fous la fanction de laquelle elles ont été contractées eft & doit être fous la protection de la foi publique.

Les marchés de dividendes ne font pas de l'a-
giotage : car il ne s'agit pas d'intérêt d'argent ; mais
fi , comme on le veut , ils étoient de l'agiotage ,
je prierois tout homme impartial de me dire
à qui des vendeurs ou des acheteurs de dividendes on pourroit appliquer les caractères qui rendent
l'agiotage odieux ; lefquels ont voulu *profits énormes*
& *sûreté complette*, de ceux qui ont hazardé des primes d'après le defir connu & manifesté des acheteurs de dividendes , ou de ceux qui ayant acheté ,
refufent de payer la perte où les a conduit leur extrême avidité ? Si la fixation légale & modérée de
dividende qu'a néceffité l'arrêt du 16 Janvier eût été
dans l'intention de la pluralité des actionnaires ,
quelqu'un d'eux eût-il acheté des dividendes ? Ils en
ont acheté parce qu'ils fe font regardés comme
plus forts que le miniftre ; & puifqu'aujourd'hui ils
déclarent ne vouloir pas payer la perte qui leur
furvient , n'eft-il pas démontré qu'ils vouloient *profits énormes* (ceux qu'ils fe procuroient fur les actions & les dividendes) , & *sûreté complette*, ou
la fixation du dividende *à leur gré ?* S'il eft un agiotage coupable , c'eft fans doute l'agiotage infidèle ;
& s'il eft un agiotage infidele , c'eft évidemment
celui que l'arrêt du 24 Janvier récompenfe.

CES SPÉCULATIONS FONT NAITRE LE GOUT DU JEU ...

Bon Dieu ! c'eft donc avec cette légéreté que l'on

diſtribue le mépris & le blâme ! Un tel dit en parlant d'un ſpéculateur : *C'eſt un joueur* ; ce qui ſignifie
preſque *c'eſt un eſcroc*... Il ne réfléchit pas qu'il eſt
joueur comme lui ; qu'en affermant les impôts, il
joue ; qu'en armant un corſaire, il joue ; qu'en chargeant ou aſſurant des vaiſſeaux, il joue... Quelle
opération de commerce, quelle action de la vie n'a
donc pas quelque caractere du jeu ? Tout eſt jeu dans
la vie humaine : car jouer n'eſt que livrer ſa fortune
en partie au hazard, en partie à des combinaiſons.
Il n'eſt point de fait exempt de cet ordre général.

Qu'eſt-ce qui caractériſe le jeu ? Le gain & le
moyen par lequel on l'obtient. On veut gagner ;
pour gagner, il faut calculer ; on a recours au calcul. Achete-t-on une terre ? On en calcule les revenus,
les convenances, la probabilité de les augmenter,
la ſûreté de l'emploi de ſon argent. Achete-t-on
une place importante (car enfin il me ſemble avoir
oui-dire que cela auſſi s'achete, de ſorte que c'eſt
encore-là du commerce, une ſpéculation de commerce), achete-t-on une place ? On calcule ſes
droits, peut-être même ſes devoirs, ſes rapports,
ſes charges, ſes profits ; on les compare avec ſes
qualités, ſes vues, ſes moyens... Hélas ! dans
l'acte qui influe le plus ſur le bonheur & l'innocence de la vie, dans le mariage, n'eſt-ce pas encore
un calcul d'intérêt, de goût ou de convenance qui
nous décide ?.. Meſſieurs, faites tant que vous vou-
drez de la morale, tout eſt jeu, tout eſt calcul,

Mais, dira-t-on, » ce font les jeux auxquels pré-
» fide le hazard, & ceux-là feuls que nous enten-
» dons flétrir : or, les paris fur les dividendes étoient
» évidemment un jeu de hazard ; donc « .... Fort
bien ; mais analyfons, s'il vous plaît, ce mot *hazard*.

On dit qu'un homme eft favorifé par le hazard,
quand un enchaînement ou un concours de circonftances imprévues lui amene un réfultat heureux. Si
cet homme eft malheureux, on dit qu'il eft mal-
traité par le hazard, le fort ou la fortune : car ce
font des mots fynonymes... Une férie, ou un concours de circonftances ignorées, & par cela même
incalculables, qui produifent des événemens impré-
vus... tel eft donc le hazard.

Il regne dans les jeux dits de hazard plus que
dans tout autre : car outre l'habileté du joueur, qui
peut être foumife à une mefure, le réfultat ou l'é-
vénement de la diftribution des cartes ou du jet
des dez n'eft pas en la puiffance du joueur, & dans
ce genre d'efcrime, le hazard eft fouvent fupérieur
à l'habileté.

Maintenant, pourquoi s'accorde-t-on à voir de mauvais œil les jeux de hazard ? C'eft qu'il eft tout-à-
la fois odieux & abfurde d'abandonner fa fortune,
fon bonheur, celui de fa femme & de fes enfans,
à une férie de circonftances dont on n'eft pas le
maître. C'eft que les frippons & les efcrocs s'introduifent aifément dans les lieux où l'on joue, & que
ces réceptacles eux-mêmes, par l'activité extrême où

l'on y tient la crainte & l'efpérance, donnent lieu
à des défordres fubits qui peuvent occafionner des
crimes.

Mais le hazard regne-t-il auffi impérieufement &
avec autant d'étendue dans les fpéculations de finances? Non : le calcul y domine plus que le hazard :
car, qu'eft-ce que fpéculer dans les fonds publics?
C'eft obferver les circonftances pour en tirer parti,
pour vendre ou pour acheter avantageufement les
fonds de finance. Les caufes des variations bien ob-
fervées s'additionnent, fe balancent par le calcul ; &
la balance forme la maffe des probabilités qui déterminent pour ou contre l'achat ou la vente. Refte
enfuite l'événement qui prononce, & qui détermine
la part du hazard dans la fpéculation.

Si cette part qu'on laiffe au hazard dans les fpéculations de finances les rendoit illégitimes, il n'eft
pas de marché qui ne fût tel : car il n'en eft aucun où le hazard n'entre plus ou moins. Certes ils
fe livrent au hazard, ceux qui bâtiffent, qui tranf-
forment leurs terres en prés artificiels, ou leurs prés
en bois, qui élevent des falles de fpectacles ou des
manufactures. Tous comptent fur le public, qui, maître dans fon choix, peut approuver ou blâmer, & l'in-
certitude de fon opinion forme le hazard. Tout eft
donc jeu de hazard, ou plûtôt c'eft abufer du mot
jeu que de l'appliquer aux fpéculations de finances
& de commerce.

Celles-ci font foumifes au calcul plus qu'au hazard

tard ; l'autre, plus au hazard qu'au calcul : le jeu
fur les fonds eft public ; le jeu de hazard fe cache :
la bonne foi éclaire toujours celui - là pour l'intérêt
même des joueurs ; il eft au moins aifé de s'y garantir de la mauvaife ; elle préfide toujours aux jeux
de hazard , dont il eft d'ailleurs facile d'éluder les
regles & de convertir les procédés en un pur ef-
camotage : enfin, le jeu proprement dit engendre
le vice ou le crime ; heureux, il endurcit ; malheureux, il invite aux forfaits ; & fi vous doutez que
l'honnêteté puiffe fe concilier avec l'efprit de fpéculation , Parifiens fcrupuleux , qui , dans fi peu d'inf-
tans, êtes devenus fi féveres, allez en Angleterre,
allez en Hollande , les deux pays de la terre où le
jeu fur les fonds publics eft le plus illimité, & dites-
moi fi à Londres , fi en Hollande , il n'y a pas plus de
mœurs publiques & privées que par-tout ailleurs ; di-
tes-moi fur-tout dans quelle claffe de citoyens vous
y aurez trouvé plus de ces vertus.

Oh ! que les déclamateurs ont la vue courte ! Qui
donc leur a dit que , dans l'ordre actuel des chofes,
qu'au milieu du mal univerfel des emprunts, ce ne
feroit pas un bien que les fpéculations fur les fonds
publics fiffent naître le goût de cette forte de jeu ?
Vous nous parlez toujours comme à Sparte, comme
dans les forêts du Nouveau Monde ; mais c'eft
à Paris, c'eft en France que nous fommes : puifque le mal des emprunts y exifte, puifque le mal
des fpéculations fur les fonds publics tient in-

G

vinciblement aux emprunts, pourquoi s'inquiéteroit-
on que le goût de cette efpece de jeu rendît plus
univerfel l'efprit de calcul ? A mefure que l'on cal-
culeroit mieux, on s'abandonneroit moins au hazard, le jeu illicite diminueroit, il cefferoit même :
lorfqu'il n'y aura plus de dupes, il n'y aura plus de
frippons.

Quoi qu'il en foit, l'impoffibilité de tracer une
ligne de démarcation entre ce qui fera réputé jeu
illicite & jeu permis, rendroit feule inutiles les défenfes de jouer dans les fonds publics. Auffi long-
tems que les gouvernemens emprunteront, comment pourroient-ils penfer férieufement à empêcher
l'efprit fpéculatif de faire des fonds publics un objet de jeu, un objet de commerce ? Toute loi qu'il
eft impoffible de faire exécuter, eft par cela même une
mauvaife loi. Et comment les gouvernemens feront-
ils exécuter celle-là ? Mettront-ils auprès de chaque particulier un efpion pour veiller fur la forme des fpéculations ? Et qui fera l'efpion de l'efpion ? Que les
gouvernemens laiffent donc fpéculer, bien fûrs que
les fpéculations ne leur feront jamais dénoncées que
par les fpéculateurs trompés dans leur attente, &
auffi peu foigneux de la chofe publique que de
leur honneur perfonnel. L'effet éternel des prohibitions de ce genre eft de favorifer la mauvaife foi.
Eh ! quelle preuve plus frappante pourrions-nous en
donner ? Croit-on que l'arrêt du 24 Janvier eût été

follicité , fi les acheteurs avoient été fûrs de gagner leurs primes ?

» Mais le jeu fur les dividendes étoit à chances » inégales , ce qui le rendoit défordonné «.

Jeu! chances inégales ! . . . Tàchons d'apprécier ces mots, que bien peu d'hommes entendent dans le moment au moins où ils les appliquent pour abfoudre ou pour condamner.

Le calcul préfide aux fpéculations en finances , comme il préfide à tous les marchés qui fe font dans la fociété. De même qu'un marchand fe pourvoit de bled, de vin , de café, &c., parce qu'il prévoit que ces denrées renchériront, de même un fpéculateur fur les fonds publics les achete ou les vend felon qu'il prévoit leur hauffe ou leur baiffe. Celuici eft dirigé dans fes achats ou fes ventes par l'obfervation des événemens politiques ; ce font ces événemens qui font perpétuellement varier le prix des effets : ils hauffent quand ils font favorables ; ils baiffent quand ils ne le font pas.

Une chance eft une probabilité que tel événement arrivera. Cette probabilité n'eft autre chofe que l'opinion formée par un individu fur l'exiftence future de cet événement d'après la combinaifon des diverfes circonftances qu'il connoît & qu'il pefe. Spéculer à chances égales eft donc avoir de chaque côté un nombre égal de probabilités & de circonftances. Spéculer à chances inégales , c'eft fuppofer d'un côté plus de probabilités qui femblent devoir emporter la balance. On fent combien il eft difficile de déterminer, de nombrer, de claffer les caufes qui produifent les variations des fonds publics, de graduer les probabilités qui décident de ces variations, d'affujettir à une méthode certaine l'eftime de ces probabilités ; & comment donc prononcer fur l'égalité ou fur l'inégalité d'une chance ? — A ces confidérations il faut en ajouter une autre.

Les mêmes probabilités n'ont pas la même valeur pour tous les efprits, parce qu'ils ne font pas tous dans la même fituation, parce que le microfcope de l'imagination varie d'individu à individu ; chez l'un il groffit 500 fois, chez l'autre 1000. De là réfulte l'impoffibilité de déterminer la légitimité d'une fpéculation par la confidération des chances ou des probabilités : car ce n'eft pas fuivant la valeur donnée après l'événement qu'il faut les apprécier pour juger de l'égalité des chances, mais bien d'après l'eftime faite de ces probabilités par le fpéculateur même avant l'événement, & auffi d'après la proportion des mifes (1). Cela pofé, voyons quelles étoient

(1) L'égalité des chances fe répare par la proportion des mifes ; ainfi cette inégalité n'eft pas toujours un fujet de reproche : par exemple, lorfque la LOTERIE ROYALE DE FRANCE paie, ou plutôt lorfqu'elle doit un *quine* (car jufqu'à préfent elle n'en a pas payé), elle doit un million pour 20 fols. Or, je demande à la maifon *Le Coûteux de la Noraye*, qui a produit à l'Etat l'un des trois commiffaires folliciteurs de l'arrêt & un caiffier de la loterie royale, je demande à cette maifon toute citoyenne com-

les probabilités ou les chances des deux partis, acheteurs & vendeurs (1).

Pour l'un, pour les dividendistes modérés, se présentoit un état des bénéfices de la caisse d'escompte, publié par les partisans des hauts dividendes. Selon cet état, les premiers jugeoient que le dividende ne pouvoit pas aller au delà de 130 l., à moins que les statuts & les arrêts qui fixoient la maniere de le déterminer ne fussent violés. Les partisans du dividende modéré avoient encore pour eux l'intérêt de l'autorité à ce qu'il ne fût pas forcé, l'intérêt que la caisse elle-même avoit à ce qu'il ne s'élevât que par gradations, l'usage constamment suivi depuis la fixation du premier dividende jusqu'au premier semestre de 1784, usage qui consistoit à mettre en réserve une portion considérable des bénéfices ; enfin l'espoir que les actionnaires sages s'opposeroient à la cupidité des actionnaires pressés de jouir. — Pour ce parti étoient donc

---

me on voit, si celui qui, pour 20 sols, auroit, par un *quine*, gagné un million, seroit repréhensible, parce qu'il auroit joué à mise & à chance très-inégales, & si ce ne seroit pas plutôt Monsieur de la loterie qui, avec un million, en acquitteroit 42 : car telle est la somme qu'il faudroit payer pour rendre la chance égale.

(1) Remarquez à ce sujet une singuliere contradiction dans le reproche fait aux acheteurs & aux vendeurs de s'être prévalus de connoissances qui promettant aux uns & aux autres des avantages certains, rendoient les conditions inégales. Mais si ces connoissances promettoient à chacun des avantages certains, les conditions devenoient égales.

G iij

seulement la raison, la loi, le bien public, le bien de la caisse, la sagesse, la pudeur.

Qu'avoit-il contre lui ? L'interruption de l'usage dont nous venons de parler. On a vu plus haut qu'au premier semestre après la crise, les actionnaires avoient cru devoir fixer un dividende égal au précédent, soit dans la crainte qu'une diminution n'imprimât des doutes sur le bon état de la caisse, soit parce que ce dividende tenoit lieu de deux (1). Or, ce dividende égaloit les bénéfices apparens, c'est-à-dire, sans déduction des escomptes non réalisés, & ne laissoit rien en réserve. On avoit donc expressément dérogé aux statuts & aux arrêts, d'où les partisans du haut dividende concluoient que le système de l'administration étoit changé, & que dorénavant la même marche seroit suivie. Ces partisans étoient nombreux, puissans & capables des plus grands efforts; ils pouvoient, par leurs relations, se procurer de l'appui, inspirer de la crainte, manœuvrer pour leurs intérêts avec le plus grand avantage. On annonçoit la certitude d'une majorité qui ayant fixé d'avance le dividende, étouffoit dans l'assemblée générale toutes les motions, toutes les réclamations des hommes sages & modérés. Cette certitude étoit soutenue d'une offre constante d'acheter des dividendes en se contentant d'une prime de 5 liv. une fois payée, & offrant de compter toute la différence qu'il y auroit entre le prix convenu du

_____

(1) Il n'y en avoit point eu en Janvier 1784.

marché & celui qui feroit fixé par l'aſſemblée générale.
— Telles étoient les chances des hauts dividendiſtes.

Aujourd'hui que le fort du dividende eſt réglé,
on ne voit, on ne veut voir que la diſproportion de
5 liv. de prime à la différence de 35 ou 40 liv.
que l'événement a rapportées par dividende aux vendeurs. On ne fait pas attention que cette prime étoit
un facrifice fait par les vendeurs de dividendes, quel
que fût l'événement, & l'on oublie la diſproportion
des riſques courus. Elle étoit telle que ſi on l'eût aſ-
ſujettie au calcul, il y avoit dix à parier contre un, &
même beaucoup plus, que le parti du haut dividende
l'emporteroit dans l'aſſemblée générale, & que le dividende feroit fixé à 200 liv. ; telle étoit cette opinion,
qu'on regardoit la prime qu'accordoient les dividendiſtes
modérés comme volontairement perdue, & qu'il ſe
trouvoit dix acheteurs pour un vendeur. — Si donc
il y avoit un calcul qui dût être flétri, certes ce n'étoit
pas celui des vendeurs. Ils avoient tout contre eux,
hors la raiſon & l'honnêteté publique. S'il étoit un
calcul qui ſuppoſât cette certitude de gain, c'étoit aſſurément celui de leurs adverſaires. Cependant l'arrêt du
24 récompenſe ceux-ci & punit les autres.

LES SPÉCULATIONS SUR LES DI-VIDENDES SONT CONTRAIRES AU CRÉDIT PUBLIC.

Qu'eſt-ce que le crédit public ? Le gouvernemens
a, ou croit avoir beſoin de fonds ; il emprunte ;

pour faciliter l'emprunt, il rend ſes effets négociables ; la maſſe de ces effets forme ce qu'on appelle fonds publics ; la confiance du public dans ces fonds eſt ce qu'on appelle crédit public. Qui ſoutient le crédit public ? L'exactitude du gouvernement à ſes paiemens, la ſageſſe de ſon adminiſtration ; le contraire le détruit. Quel eſt le rapport des ſpéculations ſur les fonds publics avec le crédit public ? Elles ont pour baſe l'obſervation des événemens qui, dans l'opinion du ſpéculateur, doivent l'attaquer ou le renforcer. Le ſpéculateur en profite pour vendre ou pour acheter ; & ſelon qu'il a bien ou mal rencontré, il perd ou il gagne.

Comment ce rapport nuiroit - il au crédit public ? S'il eſt d'un côté des ſpéculateurs peu délicats, capables de recourir au menſonge pour occaſionner des variations à leur profit, n'eſt - il pas de l'autre des ſpéculateurs intéreſſés à rétablir la vérité ? L'opinion du crédit public vient donc toujours de ſa véritable ſource ; & comme il faut des ſpéculateurs dans les fonds publics pour en ſoutenir la maſſe quand elle devient conſidérable, de la même maniere qu'il faut des marchands magaſiniers pour ſoutenir les manufactures en attendant la conſommation, il eſt évident que c'eſt le gouvernement lui-même qui porte atteinte au crédit public en jettant la défiance parmi les ſpéculateurs, quand il intervient dans les ſpéculations ſur les fonds par des actes d'autorité qui les entravent.

Encore une fois, ce ne ſont ni les agiotages,

ni les jeux, ni les paris, ni les ventes à primes
fur les fonds publics, qui font repréhenfibles ; ce
font les infidélités qui s'y introduifent comme dans
toutes les autres tranfactions de la vie. Mais il eft
des loix, il eft des tribunaux pour les punir, & c'eft
lorfque de telles infidélités reftent impunies, c'eft lorfque des profcriptions fubites viennent confondre
l'innocent avec le coupable, que le crédit public
s'altere : car les honnêtes gens abandonnent une induftrie qui ne peut plus tourner que contre leur
honneur & leur propriété, & les frippons n'étant
retenus par rien, parce qu'ils favent fe fouftraire à
tout, reftent les maîtres du prix des fonds publics,
s'occupent en liberté à faire des dupes, & finif-
fent par infefter de la défiance qu'ils méritent l'objet
dont on ne peut plus s'occuper avec honneur &
fûreté.

CES SPÉCULATIONS NUISENT AU COMMERCE.

Dans quei fens entendez - vous ici le mot *commerce* ? S'agit - il du commerce des fonds publics ? Nous vous avons affez dit ce qui feul peut
y nuire.

S'agit-il du commerce des marchandifes ? C'eft
la concurrence du commerce des fonds publics en
général qui peut lui faire tort. Accufez l'exiftence

des fonds publics qui ne peuvent pas plus fe paffer du commerce que les marchandifes elles-mêmes.

CES SPÉCULATIONS SONT CONTRAIRES A L'ORDRE PUBLIC.

A la vérité, les fpéculations fur les fonds publics font un moyen d'enrichir des individus aux dépens d'autres individus; mais quel eft l'état de la fociété, quel eft le commerce duquel on ne puiffe pas en dire autant ? Voilà pour l'ordre public en tant qu'il exprime l'harmonie de la fociété.

Que fi, par *ordre public*, on entend les mœurs publiques, il eft trop clair en effet que les fpéculations en finances y font contraires, comme les emprunts, comme les rentes viageres, en un mot, comme les fonds publics eux-mêmes. Mais encore une fois, remontez aux caufes, fous peine d'être également injufte & inconféquent ; remontez aux caufes, & vous trouverez toujours que l'exiftence des fonds publics en néceffite le commerce ; que ce commerce ne peut être foumis à d'autres regles que la bonne foi, & qu'il doit refter fous la fauve - garde des loix générales qui protegent la fûreté des tranfactions, de quelque nature qu'elles puiffent être.

Ces détails me paroîtroient bien longs à moi-même, fi je n'avois pas vu dans les pays étrangers quelle atteinte a porté au crédit de la nation & , s'il eſt permis de le dire, à la conſidération que mérite notre miniſtere actuel, l'arrêt en faveur duquel plaident dans la ſociété quelques penſeurs trop peu accoutumés à généraliſer leurs idées, ou trop habitués à conſidérer les affaires humaines dans un ordre de choſes auquel nous ſommes bien loin de pouvoir arriver bruſquement... Je paſſe ſous ſilence les frippons intéreſſés qui ſoutiennent la même cauſe pour d'autres motifs, ou ces imbécilles oracles de coteries qui parlent ſans s'entendre.... *Il eſt ici queſtion de ventes & de dividendes*, diſoit l'un d'eux. — *Eh! non*, lui répondit quelqu'un, *il n'eſt queſtion que d'achats.* —*Achats!* repliqua le premier, *il n'y a point eu d'acheteurs, il n'y a eu que des vendeurs*....... Ce trait de ſottiſe les peint à peu près tous, & il ne faudroit qu'en rire, ſi l'influence de leur jargon, de leur bon ton, de leurs graces prétendues, n'affoibliſſoit pas, en confondant ainſi les idées & les mots, la morale univerſelle qui commande le reſpect ſans bornes de la foi publique & particuliere, toujours foulée aux pieds par une loi rétroactive.

Quel que ſoit le parti que prenne l'autorité ſur la prohibition ou la tolérance à venir des ſpéculations dont il s'agit ici, il eſt du moins une vérité qu'on ne peut conteſter ſans avouer le mépris le plus abſolu de toute morale : c'eſt que la force rétroactive de l'arrêt du 24 Janvier doit être anéantie ; c'eſt que les marchés conclus avant que la loi ait parlé doivent être exécutés, & qu'on ne peut ſans honte favoriſer des

hommes qui n'ont follicité la diffolution de leurs engagemens qu'après la certitude acquife qu'ils per-
droient à les remplir.

Pour peu qu'on y réfléchiffe , on verra que l'intérêt
public , l'honneur du gouvernement & de la nation ,
plus encore que tout autre motif , follicitent la caffation d'un arrêt qui , autorifant à manquer à la bonne foi , fans penfer qu'elle eft l'ame du commerce
& l'unique lien de la fociété , porte à tous deux la
plus cruelle atteinte. On verra que cet arrêt répand
des doutes fur la fûreté de toutes les tranfaftions ,
rend toutes les propriétés incertaines , & compromet
également dans l'opinion des étrangers , la juftice
du monarque & la modération de fon miniftere.
On verra qu'il avilit la caiffe d'efcompte elle-même
ou fes adminiftrateurs , en montrant que dans un
pays où le joueur qui , pour s'abftenir de payer fa
perte , s'appuieroit de la loi contre les jeux de hazard , feroit déshonoré , les chefs d'une banque publique , les ariftocrates du commerce ont été capables d'invoquer l'autorité , pour qu'elle annullât par
une loi rétroaftive des marchés , fur le feul motif
qu'ils font devenus onéreux à eux - mêmes ou aux
aftionnaires ; moins délicats en cette occafion que
les joueurs les plus fufpefts des tripots les plus décriés. Certes la main de l'autorité fervant ainfi des
intérêts particuliers , des vengeances perfonnelles , ne
peut que détruire toute confiance : car la confiance
ne fauroit exifter là où ce qui a été fait fous la foi.

publique peut ceſſer d'être ſacré. On verra qu'un tel
arrêt met l'autorité légiſlative en contradiction non-
ſeulement avec l'opinion publique , mais avec les
notions les plus communes de la probité ; ce qui eſt
un mal, un très-grand mal, même en politique,
parce que les hommes , & ſur-tout les hommes
honnêtes déſapprennent ainſi à reſpecter les loix, &
ſont forcés de penſer qu'on peut, en leur obéiſſant,
être injuſte & perdre l'honneur. Cela n'eſt - il pas
évident ? L'acheteur qui paiera, malgré l'arrêt, ne
ſera-t-il pas doublement eſtimé , d'abord pour ſa
bonne foi, enſuite pour avoir rempli ſa promeſſe ,
malgré le mauvais exemple·& la loi qui l'en diſ-
penſe ? Mais ſi ce ſentiment eſt juſte , quelle critique plus cruelle de l'arrêt ?...

Oh ! qu'il eſt dangereux de mettre les loix en
oppoſition avec les mœurs, avec l'opinion publique !
Le légiſlateur , les juges, auront beau flétrir les ſpéculations , ils auront beau décharger les frippons de
leurs obligations : l'opinion publique ne leur en im-
primera pas moins une tâche ineffaçable ; on n'en
ſpéculera pas moins , & ce qui reſtera de l'acte
précipité d'une autorité ſurpriſe , c'eſt le mépris de
la loi , & la défiance univerſelle du pays eſclave
& du gouvernement inhoſpitalier où l'on reſpecte
ſi peu l'accord éternel qui doit regner entre la lé-
giſlation & la morale . . . .

Puiſſe cet exemple récent en convaincre pour jamais le gouvernement ! Et puiſſe l'erreur que ſans

doute il fe fera gloire de rétracter , puiffe cette erreur perfuader au public que l'autorité qui, comme nous l'avons démontré, doit furveiller l'adminiftration de la caiffe d'efcompte ,ne devient redoutable , & ne fournit des argumens contre elle qu'alors qu'elle n'a pas réglé fon infpection de maniere qu'il y ait conftamment un œil ouvert fur cet établiffement utile , facile à contenir dans fa deftination & fes devoirs , une fois que des regles fuffifantes les auront complettement déterminés.

CHAPITRE IX.

Des Objets fur lefquels doivent porter les Réglemens qui doivent diriger l'adminiftration de la Caiffe d'efcompte.

Si l'on veut que la caiffe d'efcompte rempliffe parfaitement fon but , c'eft-à-dire qu'elle foit à jamais auffi utile qu'elle peut l'être , il faut avant tout fonger à l'affermir ; & l'on ne peut l'affermir qu'en lui affurant la confiance publique , celle de tous les états , de tous les ordres qui compofent la fociété. Les réglemens auxquels il faut foumettre fon adminiftration doivent donc tendre à la permanence de cette banque ; & comme dans un établiffement de cette nature , on ne peut pas féparer l'idée de la permanence de celle de la folidité , il s'enfuit

que la crainte de trop faire pour affermir la caiſſe d'eſcompte ne doit point être écoutée ; que les vues pour ſa
proſpérité doivent embraſſer de grandes époques ;
qu'il ne faut apprécier ſes forces & juger ſon produit que dans une longue ſuite d'années.

Nous avons dit que les actionnaires doivent être
enviſagés comme une perſonne morale propriétaire
d'un fonds de 17 millions ¼. Si l'on ne perd pas
ce fonds de vue, ſi l'on n'oublie jamais que les dividendes repréſentent la rente de ce fonds & de ce
fonds uniquement, on riſquera peu de compromettre
la ſolidité de la caiſſe , parce que probablement cette
rente ſera toujours conſidérable , comparativement
au capital.

Mais ſi l'on perd de vue ce capital , c'eſt-à-dire ,
le fonds primitif & réel , & qu'on lui ſubſtitue celui
que la fantaiſie détermine à la Bourſe , il eſt évident
que la rente jugée d'après cette valeur paroîtra toujours très-chétive , & que la ſolidité de la caiſſe ſera
plus expoſée , en raiſon de ce qu'on deſirera toujours de proportionner la rente au capital fictif.

Tel eſt l'empire des mots, que ſi , au lieu de coter le
prix de l'action par l'expreſſion numérique de ſa valeur ,
on eût ſeulement exprimé le rapport du bénéfice au
capital primitif, jamais elle n'auroit atteint le prix
extravagant auquel on l'a portée , parce qu'en expri-
mant ainſi ce rapport , on auroit toujours réveillé
l'idée du capital primitif. Ainſi , par exemple , au
lieu de coter l'action 8000 liv. , on l'auroit cotée

130 p. $\frac{o}{o}$ de bénéfice ; & qui ne fe feroit pas demandé : Pourquoi les actions gagnent-elles 130
p. $\frac{o}{o}$?

Qu'a-t-on fait pour accréditer de plus en plus cette
valeur fictive ? On a dit que le prix des actions étoit
le thermometre de la confiance publique ; & comme cette affertion a féduit beaucoup de gens inattentifs en faveur des hauts dividendes, il eft important d'en faire remarquer l'abfurdité.

Le prix des actions feroit à un certain point le thermometre de la confiance, fi le public pouvoit juger
jour à jour des opérations de la caiffe & de leur folidité ; mais il ne le peut pas : fa confiance repofe donc uniquement fur les 17 millions $\frac{1}{2}$ qui en
font le gage, & fur les foins d'une adminiftration
attentive à mettre au devant de ce gage des économies d'une telle confiftance, qu'il devienne tous les
jours moins probable que le gage puiffe jamais être
altéré.

Et veut-on une preuve bien fimple que la confiance publique n'eft pas conftamment attachée au
prix de l'action ? Il n'y a qu'à fe demander fi dans
le cas où il y auroit dans la caiffe d'efcompte, outre
les 17 millions $\frac{1}{2}$ de fonds, une fomme pareille d'é-
conomies, & où le dividende ne feroit fixé qu'à 120
liv. par femeftre, la confiance du public en diminueroit ? Non fans doute, & cependant un tel
dividende feroit beaucoup baiffer l'action du prix
fictif qu'elle a en ce moment. La confiance du public

blic diminuera, quand il pourra craindre que le fonds capital eſt expoſé à diminuer ; & le public ne le craindra pas, tant qu'il verra l'action valoir plus que le fonds qui la repréſente. Tant que les choſes en ſont là, loin de graduer ſa confiance, le public ne ſonge pas au thermometre ; il n'y regarde pas même, & voilà l'ordre de choſes qu'il ſuffit de maintenir.

Ce n'eſt donc point le dividende qu'il s'agit de fixer d'avance par un réglement, comme quelques perſonnes le prétendent ; on peut raiſonnablement ſe livrer à l'eſpérance qu'il ſera toujours aſſez haut. Il faut ſe contenter d'empêcher que, déterminés trop tôt par leur intétêt mal entendu & par un état bril‹ lant de bénéfices, les actionnaires ne puiſſent fixer trop haut le dividende, relativement au but d'affermir la caiſſe, & aux futurs contingens qui peuvent nuire à ce but. Pour cela il ſuffiroit peut-être de fixer :

1º. LA PLUS HAUTE AUGMENTATION QUE L'ON PUISSE FAIRE AU DIVIDENDE A CHAQUE SEMESTRE, SAUF RÉVISION A CET ÉGARD DE LOIN EN LOIN.

2º. LA SOMME DE BÉNÉFICES SANS LA-QUELLE LE DIVIDENDE NE POURRA JAMAIS ÊTRE AUGMENTÉ.

De cette maniere on ne s'aſſervira point à ne pas diminuer le dividende, engagement qu'il ſeroit abſurde & dangereux de contracter. Il faut ſans doute s'efforcer de n'être jamais dans le cas de le diminuer ; rien n'eſt plus ſage, & c'eſt préciſément

H

pour cela qu'on ne doit se permettre de l'élever que par la marche la plus lente & la plus réfléchie.

Il est un autre réglement qui n'est pas moins important, non-seulement pour la sûreté de la caisse, mais pour que ses services soient distribués avec l'équité que le public doit attendre d'elle.

Nous avons dit en parlant des droits du public sur la caisse d'escompte, qu'elle doit faire jouir tous les commerçans & tous les particuliers qui, par leur situation & leur conduite, méritent d'être accrédités à cette banque, des avantages en retour desquels ces mêmes commerçans ou particuliers lui accordent une confiance dont elle retire ses profits. Les grandes richesses font certainement un titre pour attirer du crédit à la caisse d'escompte ; mais il est un autre genre de solidité qui, loin d'y mériter du mépris, doit assurer à ceux qui le possèdent une part en quelque sorte privilégiée dans le crédit que cette banque dispense : telles sont la probité reconnue, des mœurs dignes de confiance, une conduite éprouvée, une intelligence exercée dans les affaires. Les commerçans ou les particuliers qui ont acquis cette réputation méritent d'autant mieux de trouver des facilités à la caisse d'escompte, qu'en général ils proportionnent mieux les risques à leurs facultés, & qu'ils se tiennent mieux en garde contre les entreprises où le hazard a plus de part que de sages calculs. Si l'on considere attentivement & sans se laisser éblouir par les sommes considérables dont la

renommée compose généreusement la fortune de
quiconque sait se donner l'éclat de la richesse ; si
l'on considere, dis-je, ce qui constitue la vraie solidité d'un négociant, celle qui est relative au crédit ; on trouvera que ce sont principalement les qualités que nous venons de rappeller. Les grands
moyens conduisent aux grandes entreprises ; & même lorsque l'ostentation se mêle aux affaires, il n'est
pas rare de voir un millionaire courir plus de risques,
proportionnément à ses moyens, que celui dont la
fortune est médiocre.

Il y a d'ailleurs de grands inconvéniens à ce
qu'une banque de secours ne suive pas les antiques
principes sur les vraies conditions du crédit.

Non-seulement le commerce n'est plus aidé dans
la classe où il en a le plus besoin, où les secours
peu coûteux s'appliqueroient le mieux, mais le but
d'une banque dont la principale utilité est de faire
baisser l'intérêt de l'argent de maniere à favoriser
le commerce, les arts & l'agriculture, n'est rempli que bien imparfaitement, parce que le bas prix
des secours, lorsqu'ils sont accordés de préférence à
la richesse, à la pompe des affaires, se perd dans les
mains ostentatrices ; il ne seroit même point étonnant que l'argent n'en devînt que plus rare & plus
cher pour les autres qu'il ne l'étoit avant l'établissement de cette banque. Et, pour le dire en pas-
sant, on voit bien qu'à Paris, depuis l'établissement
de la caisse d'escompte, l'agiotage des effets publics

ou commerçables s'est fort accru ; mais on ne voit pas que cette banque ait fait encore une sensation remarquable à l'avantage des autres parties certainement plus intéressantes pour un empire agricole, & qui devoient s'en ressentir.

D'un autre côté, en ne répandant pas, en ne disséminant pas, pour ainsi dire, les faveurs de l'escompte par-tout où elles peuvent l'être sans s'écarter des regles de la prudence, en les laissant, au contraire, envahir aux gens à grandes & bruyantes affaires, les banques de secours occasionnent un mal très-réel & très-digne d'attention. Un petit nombre de banquiers ne tarde pas à s'y rendre infiniment redoutable à tout le commerce. Bientôt tout doit se plier à leurs vues ; que dis-je ? ces banquiers deviennent les arbitres mêmes des opérations de finance nécessaires au gouvernement ; ils vont jusqu'à se faire craindre des ministres aussi long-tems que ceux-ci ne sont point initiés dans les combinaisons secretes, dans les ruses de la politique de l'agiotage, laquelle, sans contredit, n'est pas la moins astucieuse, & dont ces banquiers, grands adeptes en ce genre, se servent avec une haute supériorité pour assurer leur influence.

Remarquons encore que la préférence dont nous parlons produit un autre effet très-fâcheux pour le bien général des affaires. Dès qu'on sait qu'un certain nombre de banquiers jouit à la banque de secours d'une faveur extraordinaire, toutes les affaires fe portent chez eux avec affluence ; ce qui ne manque pas de jetter une efpece de difcrédit fur les maifons moins favorifées : car on peut s'en fier à la foif infatiable des grandes affaires & à la vanité qu'elles exaltent, pour que les correfpondances des privilégiés de la banque retentiffent du crédit fans bornes dont ils jouiffent auprès d'elle à l'exclufion de tous autres.

Qui ne fent d'ailleurs que fi les motifs du crédit repofent uniquement fur la réputation des grandes affaires & fur l'appareil qu'on leur donne, tous les bons principes s'altéreront, & qu'on cherchera plutôt à obtenir la réputation qui donne le crédit, qu'à la mériter.

Enfin, lorfqu'une claffe particuliere de banquiers a une part prefque exclufive aux faveurs d'une banque publique, le poids des circonftances difficiles tombe entiérement fur les commerçans moins protégés ; & la banque étant obligée de refferrer alors les efcomptes, fes favoris n'en font que plus ardens à profiter de leur privilege exclufif.

Seroit - ce l'hiftoire de la caiffe d'efcompte que nous venons de tracer? Il eft du moins parfaitement fûr qu'elle ne généralife pas fes fecours. C'eft un reproche que l'on peut & que l'on doit faire hautement à l'adminiftration de la caiffe d'efcompte, que le marchand, le manufacturier, le particulier même qui fe préfenteroit modeftement pour efcompter quelque bon papier, feroit renvoyé.

avec mépris, comme ne figurant pas dans la liste des gens d'affaires. Eh ! qui sait si dans l'état actuel des choses, plus d'un commerçant très - solide n'a pas vu repousser son papier même, chargé des signatures les plus brillantes, parce que dans la diversité des opinions qui se sont élevées sur les dividendes, il ne s'est point rangé de l'avis des administrateurs, ou ne. leur a pas montré un dévouement assez illimité ?

Il est pourtant un article des réglemens intérieurs de la caisse d'escompte qui porte ces propres mots : » Comme l'avantage permanent de la caisse » ne peut résulter que de son utilité plus générale, les » administrateurs de semaine *répandront l'escompte* *sans acception de personnes . . .* SANS ACCEPTION DE PERSONNES ! Certes l'administration changera de forme & de principes avant que cette résolution soit suivie : car il est impossible d'en attendre l'exécution à moins d'une vertu surnaturelle des administrateurs de la caisse d'escompte, qui joignent à cette qualité d'administrateurs celle de marchands d'actions, de banquiers, de gens d'affaires.

Quoi qu'il en soit, s'il faut que toute cause ait son effet, nous serions bien surpris que le désintéressement & l'impartialité caractérisassent la distribution des facilités que la caisse d'escompte annonça au moment où elle avoit à briguer la faveur publique.

Tout lecteur attentif sentira maintenant que le seul moyen de prévenir les partialités des adminiftrateurs, c'eft de faire une regle qui balance l'effort de leur intérêt. Cette regle confifteroit, ce nous femble, à déterminer une fomme au de là de laquelle on ne pût plus efcompter de lettres de change à la même maifon. Peut-être feroit-il fort à fouhaiter qu'une telle regle eût été faite à l'inftant même de la création de la caiffe d'efcompte ; mais de ce qu'elle ne l'a pas été, il ne s'enfuit point qu'elle ne doive pas l'être. Nous ne conceïons pas comment une adminiftration pénétrée de l'efprit public qui doit la diriger, peut fe paffer de cette regle, fans être tourmentée chaque jour de la très-pénible alternative de déplaire aux particuliers que fon devoir eft de fervir, ou de compromettre la fûreté de la caiffe qui lui eft confiée. Au refte, une telle regle exifte partout ailleurs qu'à Paris, & l'on a ftatué dans les réglemens éventuels d'une caiffe d'efcompte qui s'établit à Gênes en ce moment, qu'elle n'accorderoit pas à la maifon la plus riche (cette ville en renferme plufieurs qui ne le cedent en richeffes à celles d'aucun pays) un crédit qui excédât la fomme de 50,000 écus.

C'eft au petit nombre d'hommes qui ont une grande connoiffance de Paris, de fon commerce, de fes affaires, de fes rapports, à déterminer en détail cette regle & les moyens d'en affurer l'exécution. Pour nous, qui devons nous renfermer dans des confidérations générales, nous ajouterons feulement que fi l'on doutoit encore après tout ce qui précede, de la

H iv

néceffité de fauver la caiffe d'efcompte des fuggeftions de l'intérêt perfonnel, il ne faudroit que réflé-
chir à un des articles des réglemens intérieurs de
l'adminiftration ; article que le fecret dans lequel il
eft enveloppé accufe feul affez de toutes les fâcheufes
conféquences qui en découlent.

. » Les adminiftrateurs, porte cet article, ne pou-
» vant dans aucun cas perdre leurs droits d'action-
» naires, il eft fpécialement entendu qu'ils jouiront
» conftamment du nombre de voix proportion-
» né au nombre d'actions dont ils feront proprié-
» taires «.

Il eft aifé de fentir quel avantage immenfe donne
aux adminiftrateurs cet article pour réfifter dans l'affemblée générale aux voix qui s'éleveroient contre
leurs vues, & qui dans la premiere chaleur qu'excite
toujours un avis honnête & fortement exprimé ,
pourroient entraîner la pluralité des fuffrages ? N'étoit-
ce donc pas affez du crédit que donne la feule qualité d'adminiftrateur ? Falloit-il encore y joindre un
moyen phyfique de faire prévaloir la volonté de l'adminiftration ? Pour peu qu'on réfléchiffe à cet article , qui certainement auroit dû être connu du public, on fentira la néceffité de l'abroger, & de ne
laiffer aux adminiftrateurs dans l'affemblée générale
d'autre force que celle qui naît d'une connoiffance
plus intime des affaires de la caiffe, & des plus grands
moyens que cette connoiffance leur donne d'appuyer

leur avis de toutes les confidérations dont il eft fufceptible.

Craindra-t-on d'affoiblir par-là l'adminiſtration, & de
commettre une injuſtice, parce que les adminiſtrateurs ne retirent aucun honoraire des ſervices qu'ils
rendent ? Nous répondrons que les adminiſtrateurs de
la caiſſe ne doivent avoir qu'un très-petit nombre
d'actions (1) ; qu'il doit leur être interdit d'en faire
le commerce ſous quelque forme que ce puiſſe être,
& qu'il faut payer généreuſement leurs ſervices. Sans
doute il vaut mieux réduire les bénéfices de la caiſſe
par cette dépenſe, que de l'expoſer à une adminiſtration dangereuſe : car il faut reléguer dans les romans
le déſintéreſſement ſur lequel il ſemble qu'on ait
compté, en exigeant que les adminiſtrateurs ne reti-
raſſent aucune rétribution de leurs ſervices. Peut-on
croire ſérieuſement qu'ils ſacrifient leur tems & leurs
ſoins à l'honneur de diriger la caiſſe ? Et que de
moyens n'ont-ils pas pour compoſer avec leur
conſcience ? Il y a ſi loin du déſintéreſſement à la fraude ! En ſe favoriſant, eux, leurs amis, leurs aſſociés,
ceux qui leur donnent une part dans leurs ſpéculations, n'ont-ils pas de quoi ſe dédommager large-
ment de leur généroſité apparente ?

(1) On ne ſauroit trop inviter ceux qui travaillent à former des banques de ſecours dans le royaume, d'imiter la
caiſſe qui s'établit à Gènes, & dans laquelle, comme nous
l'avons obſervé, aucun actionnaire ne peut poſſéder qu'un
nombre déterminé d'actions.

Nous terminerons ici des obfervations que le feul amour de la vérité nous a fuggérées ; & fi quelqu'un de ceux dont nous avons heurté les opinions étoit tenté d'en douter, nous le prierons de citer une ligne d'aucun de nos ouvrages qu'un autre intérêt ait dictée.

Veut-on favoir, au refte, quel homme d'Etat je prends pour garant des principes répandus dans cet écrit, où l'on ne manquera pas de me chercher des crimes, qu'on life la lettre fuivante :

» Le Roi a vu avec mécontentement dans le
» mémoire des adminiftrateurs & des commiffaires
» de la caiffe d'efcompte, des principes qui annon-
» çoient l'opinion d'une prétendue indépendance re-
» lativement à la geftion des affaires de la caiffe
» d'efcompte. Si de telles erreurs ne peuvent être
» imputées qu'à quelques actionnaires, aucun ne
» doit perdre de vue que le Roi en a autorifé l'é-
» tabliffement, moins pour favorifer ceux qui l'ont
» propofé, que pour l'avantage du commerce de
» fes fujets, & que lorfqu'en même tems S. M. lui
» a permis de mettre en circulation un papier re-
» préfentatif du numéraire que le public y dépofe-
» roit, elle s'eft néceffairement réfervée, & a mê-
» me, pour ainfi dire, contracté envers fes peuples
» l'engagement de furveiller continuellement &
» de régler toutes les fois qu'il en feroit befoin,
» les opérations de cet établiffement ; qu'un accef-

» foire auſſi important eſt lié trop intimement à
» l'Etat pour qu'il puiſſe n'être conſidéré que com-
» me une ſociété particuliere, dirigée entiérement &
» uniquement par les membres qui la compoſent.
» — S. M. n'a jamais entendu empêcher que les
» actionnaires diſpoſaſſent à leur gré de tout ce
» qui concerne leurs intérêts particuliers, lorſqu'ils
» n'ont rien de contraire à l'intérêt général auquel
» ils ſont ſubordonnés ; mais s'ils s'en écartent,
» s'ils compromettent la ſûreté même de la caiſſe,
» s'ils contreviennent aux regles qui ſervent de baſe
» à la confiance publique, il eſt indiſpenſable que
» l'autorité intervienne pour les y ramener. — C'eſt
» donc mal à propos qu'on a ſuppoſé dans les repré-
» ſentations, que l'arrêt du 16 Janvier, qui ne fait
» que remettre en vigueur la loi de l'établiſſement,
» qui n'ordonne que ce qu'exigent les premiers prin-
» cipes de la juſtice diſtributive, & dont l'exécu-
» tion ne peut qu'être utile aux véritables intérêts
» de la caiſſe d'eſcompte, porte atteinte à la liberté
» & à la propriété des actionnaires. Il n'eſt pas
» moins étonnant qu'ils paroiſſent craindre que cet
» arrêt ne faſſe tort à leur crédit, lorſqu'au con-
» traire il ne tend qu'à le conſolider de plus en
» plus, en aſſurant le maintien d'une ſage propor-
» tion entre les bénéfices partageables & les fonds
» en reſerve, dont l'accroiſſement graduel doit con-
» tribuer eſſentiellement au ſoutien de l'établiſſe-
» ment «.

Et quel eſt l'auteur de cette lettre qui ſemble offrir l'analyſe de notre ouvrage ? — M. de Calonne, contrôleur général des finances. — Je le louerois fort mal : car je ne ſais, ni ne veux ſavoir louer les hommes en place. Je dirai ſeulement qu'on ne me perſuadera pas que celui qui, dès l'entrée de ſon miniſtere, rétabliſſant un contrat caſſé par ſon prédéceſſeur, a déclaré *que le Roi veut & entend mani-feſter... en toute occaſion, que tout engagement... contraSté ſous la foi publique ſera toujours à ſes yeux inviolable & ſacré* (1) ; que celui qui a rendu la vie & l'honneur à la caiſſe d'eſcompte, en anéantiſſant le papier - monnoie ; ſauvé cette banque d'une révolution nouvelle, par l'arrêt du 16 Janvier, & tracé de la maniere la plus lumineuſe & la plus ſage, dans la lettre qu'on vient de lire, la théorie qui doit la diriger ; on ne me perſuadera pas que ce même adminiſtrateur ſoit l'auteur de l'arrêt du 24, ou du moins que dans l'immenſité de ſes occupations, on ne l'ait pas ſurpris à ſa ſageſſe, par l'extrême précipitation avec laquelle il a été ſollicité.

_____

(1) Arrêt du Conſeil d'Etat du Roi du 9 Novembre 1783.

Ici devroit se trouver le Post-Scriptum
que le Lecteur est prié de chercher pag. 207 ,
*& qu'on a été obligé de renvoyer à la suite
des Pieces justificatives , parce que la piece
qui en est l'objet n'est parvenue à l'Auteur
qu'après l'impression & au moment même de
l'expédition de son Ouvrage.*

✝ A placer entre le Texte & les Pieces justificatives.

PIÉCES
JUSTIFICATIVES.

PIECES JUSTIFICATIVES.

N°. I.

ARRÊT

DU CONSEIL D'ÉTAT DU ROI,

Portant Établiſſement d'une Caiſſe d'Eſcompte.

Du 24 Mars 1776.

Extrait des Regiſtres du Conſeil d'Etat.

Sur la requête préſentée au roi , étant en ſon
Conſeil, par Jean-Baptiſte-Gabriel Beſnard, contenant : qu'il deſireroit établir dans la capitale une
caiſſe d'eſcompte , dont toutes les opérations ten-
droient à faire baiſſer l'intérêt de l'argent , & qui
préſenteroit un moyen de ſûreté & d'économie au
public, en ſe chargeant de recevoir & tenir gratuitement en recette & en dépenſe, les fonds appartenans aux particuliers qui voudroient les y faire
verſer ; qu'à cet effet, il ſupplieroit Sa Majeſté de
vouloir bien l'autoriſer à former une compagnie
d'actionnaires , aux offres , clauſes & conditions
ci-après énoncées.

ARTICLE PREMIER.

Les actionnaires qui compoferont ladite compagnie feront affociés en commandite, fous la dénomination de *Caiffe d'Efcompte.*

I I.

Les opérations de ladite caiffe confifteront : premiérement , à efcompter des lettres de change & autres effets commerçables, à la volonté des adminiftrateurs, à un taux d'intérêt qui ne pourra , dans aucun cas, excéder quatre pour cent l'an ; fecondement, à faire le commerce des matieres d'or & d'argent ; troifiémement, à fe charger en recette & en dépenfe, des deniers, caiffes & paiemens des particuliers qui le defireront, fans pouvoir exiger d'eux aucune commiffion, rétribution ou retenue quelconques, & fous quelque dénomination que ce puiffe être.

I I I.

La compagnie n'entend, en aucun cas, ni fous quelque prétexte que ce foit, emprunter à intérêt, ni contracter aucun engagement qui ne foit payable à vue ; elle s'interdit tout convoi de marchandifes, expédition maritime, affurance & commerce quelconque, hors celui qui eft précifément défigné en l'article précédent.

I V.

Il fera fait par lefdits actionnaires un fonds de
quinze

quinze millions de livres, pour lefquels il leur fera délivré *cinq mille actions* de *trois mille livres* chacune, qu'ils payeront en argent comptant, en un feul paiement ; defquels *quinze millions* il y en aura *cinq* qui ferviront à commencer les opérations de ladite caiffe d'efcompte, & les autres *dix millions* feront dépofés au tréfor royal le 1er. Juin 1776, pour fûreté des engagemens de ladite caiffe, ainfi & de la maniere qu'il fera expliqué par l'article VI ; lefquels *dix millions*, Sa Majefté fera fuppliée d'accepter à titre de prêt, & de donner pour valeur des quittances de finance du garde dudit tréfor royal, pour *treize millions*, payables en treize années, afin d'opérer le rembourfement du capital & le paiement des intérêts de ladite fomme de *dix millions* ; lefquelles quittances de finance feront divifées & acquittées en *vingt-fix paiemens* égaux, de *cinq cens mille livres* chacun, dont le premier fera échu & payable le 1er. Décembre 1776, & qui continueront ainfi de fix en fix mois, les 1ers. de Juin & de Décembre de chaque année, jufques & compris le 1er. Juin 1789.

V.

Pour fûreté defquels paiemens, tels qu'ils font ftipulés en l'article précédent, Sa Majefté fera fuppliée d'affecter les produits de la ferme des poftes, & d'ordonner au garde de fon tréfor royal, en exercice chaque année, de délivrer au caiffier de

I

ladite compagnie, en paiement de la quittance de *cinq cens mille livres* qu'il aura à recevoir à chaque époque, une affignation fur l'adjudicataire de ladite ferme des poftes.

V I.

Les *treize millions de livres* qui forment le montant total des quittances de finance ci-deffus mentionnées, ou ce qui en reftera dû, eu égard aux paiemens qui auront été faits, demeureront fpécialement affectés à la fûreté & garantie générale des opérations de ladite caiffe : & ne pourront en aucun cas, les adminiftrateurs d'icelle, vendre, aliéner, tranfporter, ni hypothéquer la portion des quittances de finance qui fe trouvera non rembourfée.

V I I.

Ladite caiffe d'efcompte fera ouverte le 1er. Juin prochain, en tel endroit de la ville de Paris que la compagnie des actionnaires jugera à propos de fixer.

V I I I.

Lefdites actions feront imprimées conformément au modele joint à la préfente requête, & numérotées depuis le numéro *un*, jufques & compris le numéro *cinq mille* : elles feront fignées par le caiffier général, & contrôlées par deux des adminiftrateurs de ladite caiffe.

I X.

Le fieur de Mory fera nommé provifoirement caiffier général de ladite caiffe d'efcompte ; il recevra en
conféquence toutes les fommes qui compoferont les
quinze millions de fonds de ladite caiffe ; & il remettra
à ceux qui defireront s'y intéreffer, fes reconnoif-
fances portant promeffe de leur délivrer le nombre
d'actions dont ils lui auront fourni la valeur, à raifon de trois mille livres par action.

X.

Le fieur de Mory fera avertir les actionnaires par
une affiche qui fixera, au moins dix jours à l'avance,
le jour & le lieu de la premiere affemblée générale
dans laquelle tout porteur de vingt-cinq actions aura
entrée & voix délibérative pour le choix des adminiftrateurs de ladite compagnie.

X I.

Les opérations de ladite compagnie feront régies
par fept adminiftrateurs qui feront élus, à la pluralité des fuffrages, dans ladite premiere affemblée
générale ; lefquels feront tenus, dans leur adminiftration, de fe conformer à ce qui fera déterminé
par délibérations dans les affemblées générales : ils
nommeront les employés, fixeront leurs appointemens, & pourront les révoquer ; le tout de la ma-

niere & ainfi qu'ils le jugeront néceffaire pour le
bien & l'avantage de la compagnie.

XII.

Chaque adminiftrateur de la compagnie fera tenu
d'être propriétaire de cinquante actions de ladite
caiffe, & de les remettre trois jours après fon élection dans le dépôt dont il \fera ci-après parlé ; &
faute par lui de faire ledit dépôt, fon élection fera
nulle.

XIII.

Aucun des adminiftrateurs ne pourra être def-
titué, fi ce n'eft par les fuffrages des deux tiers des
actionnaires préfens dans une affemblée générale, ou
par la voix unanime des fix autres adminiftrateurs,
ou en ceffant de conferver au dépôt de la compagnie, les cinquante actions, conformément à l'article précédent.

XIV.

Les honoraires des adminiftrateurs feront pris fur
les bénéfices de ladite caiffe, & dans aucun cas,
fur les quittances de finances ou affignations repré-
fentatives des *treize millions* ci-deffus énoncés ; ils
n'auront même aucun honoraire, jufqu'à ce que le
bénéfice forme un objet de *cent cinquante mille
livres* par femeftre & au deffus ; dans ce cas feu-

lement, ils préleveront le dixieme defdits bénéfices qui fera partagé entr'eux en portions égales.

X V.

Il fera tenu tous les ans, deux affemblées gé‑nérales des actionnaires, dans les mois de Janvier & de Juillet, pour délibérer fur les affaires de la compagnie, pour recevoir & examiner le compte du femeftre qui aura précédé l'affemblée, lequel compte fera certifié véritable & figné par les ad‑miniftrateurs, & pour ftatuer fur la fixation du dividende à répartir aux actionnaires pour les fix mois écoulés.

X V I.

Pour parvenir à la fixation de ce dividende, il fera produit par les adminiftrateurs un compte dé‑taillé des bénéfices qui auront été faits & réalifés dans le femeftre écoulé, déduction faite de tous frais d'ad‑miniftration & des pertes, s'il y en a : fur ces bé‑néfices nets, lorfqu'ils excéderont *cent cinquante mille livres* dans un même femeftre, & non autrement, il en fera prélevé un dixieme pour être partagé par portions égales entre les adminiftrateurs, ainfi qu'il eft dit ci‑deffus : ce dixieme prélevé, il fera ajouté au bénéfice reftant les *cinq cens mille livres* qui au‑ront été remis pour partie des *treize millions* ; & ce fera fur ce total que les actionnaires détermineront, à la pluralité des fuffrages, la fomme qu'ils jugeront à propos de répartir, à titre de dividende, fur leurs actions pour le femeftre échu ; en conféquence, la premiere fixation fe fera en Janvier 1777, pour le reftant de la préfente année, & enfuite de fix mois en fix mois, & non autrement.

XVII.

Il fera ouvert à ladite caiffe un dépôt d'actions, tant pour celles que les actionnaires defireront y placer à l'abri de tous accidens, vols, incendies ou autres, & d'où ils pourront les retirer toutes les fois qu'ils le voudront, que pour celles qu'on auroit intention d'y remettre en vertu d'actes devant notaires, & enfin pour celles dont le dépôt feroit ordonné par juftice.

XVIII.

Ladite caiffe d'efcompte fera réputée & cenfée être la caiffe perfonnelle & domeftique de chaque particulier qui y tiendra fon argent ; & elle fera comptable envers lefdits particuliers, de la même maniere que le feroient leurs caiffiers domeftiques.

Vu ladite requête, les offres faites & les conditions propofées : Ouï le rapport du fieur Turgot, confeiller ordinaire au confeil royal, contrôleur-général des finances ; LE ROI ÉTANT EN SON CONSEIL, a autorifé & autorife ledit Jean-Baptifte-Gabriel

Befnard à former l'établiffement de ladite caiffe d'efcompte, fous les conditions ci-deffus énoncées, fans
néanmoins entendre par ladite autorifation, appor-
ter aucun changement à la liberté dont ont joui
& continueront de jouir les banquiers, négocians
& autres, d'efcompter, de faire le commerce des
matieres d'or & d'argent, & de recevoir les deniers des particuliers qui defireroient les leur remettre. Et Sa Majefté acceptant l'offre faite de remettre *dix millions* au tréfor royal, au 1er. Juin prochain, a ordonné & ordonne au fieur Savalete, garde de fon tréfor royal, en exercice, de remettre pour
valeur, tant du capital que des intérêts, *vingt - fix
quittances* comptables de *cinq cens mille livres* chacune, payables en *treize années*, de fix mois en
fix mois, dont la premiere aura pour époque de
paiement le 1r. Décembre 1776; la feconde, le
1r. Juin de l'année 1777, ainfi de fuite, lefquelles
quittances feront expédiées au profit de la compagnie, pour être payées à chaque échéance, par
le garde du tréfor royal en exercice, fur la quittance du caiffier général, en une affignation aux
mêmes termes fur l'adjudicataire général de la ferme des poftes, qui demeure fpécialement affectée
pour fûreté du paiement defdits *treize millons* · feront les quittances de finance du garde du tréfor royal,
qui feront rembourfées à chaque époque, déchar-
gées par le garde des regiftres du contrôle général
des finances, qui en aura fait l'enregiftrement : &

feront fur le préfent arrêt, toutes lettres patentes néceffaires expédiées. Fait au confeil d'État du roi,
Sa Majefté y étant, tenu à Verfailles le vingt-qua-
trieme Mars mil fept cent foixante feize. *Signé*, DE
LAMOIGNON.

N°. II.

ARRÊT

DU CONSEIL D'ÉTAT DU ROI,

Qui, en dérogeant à celui du 24 Mars 1776 dif-
penfe le fieur Befnard de verfer au Tréfor Royal
les dix millions qu'il y devoit porter aux termes
dudit Arrêt : Ordonne que les deux millions qui y
font dépofés, lui feront rendus, & que les fonds
de la Caiffe d'Efcompte feront de douze millions
feulement, divifés en quatre mille actions de
trois mille livres chacune, pour être employées
en totalité aux opérations de ladite Caiffe.

Du 22 Septembre 1776.

Extrait des Regiſtres du Confeil d'État.

Sur la requête préfentée au roi, étant en fon
confeil, par Jean-Baptifte Gabriel Befnard, contenant : que par arrêt du confeil du 24 Mars 1776,
il a été autorifé à former une compagnie d'action-

naires pour l'établiffement d'une caiffe d'efcompte, avec un capital de quinze millions de livres, dont Sa Majefté avoit été fuppliée d'accepter dix millions à titre de prêt, aux claufes & conditions énoncées dans ledit arrêt; & les cinq millions reftant, étoient deftinés aux opérations de ladite caiffe : qu'en s'occupant, en vertu de cette autorifation, à former fa compagnie, il avoit reconnu qu'il feroit plus conforme aux vues des actionnaires de ne former qu'un capital de douze millions de livres, pour être employés en totalité aux opérations d'efcompte & au commerce des matieres d'or & d'argent, & de ne point verfer dix millions au tréfor royal : qu'il fupplioit en conféquence Sa Majefté de vouloir bien l'autorifer à former un établiffement avec un capital de douze millions de livres feulement, divifé en quatre mille actions de trois mille livres chacune ; de renoncer à l'offre du prêt de dix millions, & d'annuller les difpofitions de l'arrêt du 24 Mars 1776, relatives, tant à ce prêt qu'au fonds de quinze millions, auquel devoit être porté celui de la caiffe d'efcompte. A quoi voulant pourvoir ; vu ladite requête : ouï le rapport du fieur de Clugny, confeiller ordinaire au confeil royal, contrôleur-général des finances ; LE ROI ÉTANT EN SON CONSEIL, a ordonné & ordonne ce qui fuit :

ARTICLE PREMIER.

Les difpofitions de l'article IV de l'arrêt du

conseil dudit jour 24 Mars 1776, demeureront sans effet, ainsi que tout ce qui y est relatif dans les articles V, VI, VIII, IX, XIV & XVI, & dans le prononcé dudit arrêt, qui se rapporte auxdits articles, & qui concerne le prêt de dix millions à faire : en conséquence, ladite caisse d'escompte ne versera point au trésor royal les dix millions qu'elle devoit y déposer ; ordonne Sa Majesté que la somme de deux millions qui y avoit été portée à compte, sera remise en especes audit Besnard & compagnie, ou au caissier nommé par les administrateurs de la caisse d'escompte, & spécialement autorisé par eux pour recevoir lesdits deux millions ; à la charge d'en donner quittance au garde du trésor royal, en la forme ordinaire, & de lui rapporter les quittances de finance ou récépissés qui auroient pu être expédiés.

I I.

Le fonds de ladite caisse d'escompte demeurera fixé à douze millions de livres, divisé en quatre mille actions de trois mille livres chacune, lesquelles seront numérotées depuis le N°. 1er. jusques & compris le N°. 4000, signées par le caissier général, & contrôlées par deux des administrateurs de ladite caisse.

I I I.

Veut au surplus Sa Majesté, que l'arrêt du conseil dudit jour 24 Mars 1776, soit exécuté & ait son

effet pour tout ce à quoi il n'a pas été dérogé par
le préfent arrêt. Fait au confeil d'Etat du roi, Sa
Majefté y étant, tenu à Verfailles le vingt-deux Septembre mil fept cent foixante-feize. *Signé*, AMELOT.

***

Nº. III.

ARRÊT
DU CONSEIL D'ÉTAT DU ROI,

*Concernant l'adminiftration de la Caiffe
d'Efcompte.*

Du 7 Mars 1779.

Extrait des Regiftres du Confeil d'État.

Sa Majefté s'étant fait rendre compte des opérations de la caiffe d'efcompte, a vu avec fatisfaction
les progrès de cet établiffement, & que pendant
les fix derniers mois de l'année révolue, on avoit
efcompté plus de trente-trois millions de lettres de
change, à l'intérêt de quatre pour cent par an : Sa
Majefté a penfé que tels avantages, procurés au
commerce, méritoient toute fa protection ; & elle
a écouté favorablement la demande qui lui a été
faite par les actionnaires & par les adminiftrateurs,
pour qu'elle voulût bien fixer, par un arrêt de fon
confeil, les difpofitions qui avoient été jugées les
plus propres à maintenir l'ordre dans l'adminiftration

de cette caiſſe, & à lui conſerver la confiance publique. En conſéquence, vu l'avis des adminiſtrateurs actuels de la caiſſe d'eſcompte, & la délibération des actionnaires du 12 Janvier de cette année : Ouï le rapport ; LE ROI ÉTANT EN SON
CONSEIL, a ordonné & ordonne ce qui ſuit :

ARTICLE PREMIER.

Les nombre des actions demeurera fixé à quatre
mille, formant un capital de douze millions d'argent comptant dans la caiſſe d'eſcompte.

I I.

Leſdits fonds feront uniquement employés à eſcompter des lettres de change ou autres effets, à
échéance fixe, commerçables.

I I I.

L'eſcompte demeurera fixé à quatre pour cent par
an, en tems de paix, & à quatre & demi en tems
de guerre.

I V.

A moins qu'il n'en ſoit autrement délibéré par
les actionnaires, les adminiſtrateurs demeureront,
comme ils ſont aujourd'hui, au nombre de treize,
dont, à commencer de Janvier 1780, deux ſor-
tiront par ancienneté, ou par le ſort, ſuivant & de

la maniere qu'il en fera décidé par les actionnai‑
res, à la premiere affemblée générale.

V.

Pour remplacer les deux adminiftrateurs fortans ;
le corps de l'adminiftration, affemblé extraordinai‑
rement à ce fujet, la veille feulement de l'affem‑
blée générale des actionnaires, propofera à ladite
affemblée quatre actionnaires, entre lefquels ladite
affemblée en choifira deux à la pluralité des voix.

V I.

Les adminiftrateurs qui feront fortis de place ;
pourront, au bout de deux ans, être préfentés de
nouveau aux actionnaires, & faire partie des quatre
qui leur feront propofés pour chaque élection.

V I I.

Chaque adminiftrateur devra avoir vingt ‑ cinq
actions à lui appartenantes, qui devront être dé‑
pofées à la caiffe d'efcompte, tant qu'il fera ad‑
miniftrateur.

V I I I.

Chaque actionnaire, pour avoir entrée dans l'af‑
femblée générale, devra dépofer la veille du jour in‑
diqué, chez le caiffier général de la caiffe d'ef‑
compte, vingt-cinq actions, dont il lui fera fourni

un récépissé ; sur la représentation duquel il entrera dans ladite assemblée.

I X.

Le dividende sera fixé , à la fin de chaque semestre , sur les profits qui auront eu lieu pendant ledit intervalle , & d'après le compte qui en sera rendu auxdits actionnaires , par les administrateurs , dans les assemblées générales qui se tiendront à cet effet au commencement de Janvier & de Juillet.

X.

Les administrateurs feront , pour le régime intérieur de l'administration , tels réglemens qu'ils jugeront le plus convenables à l'ordre & à la sûreté des intérêts qui leur seront confiés.

X I.

Sur l'offre faite par les administrateurs actuels , leur administration sera gratuite ; & cette condition ne pourra être changée que par une délibération des actionnaires.

X I I.

Veut au surplus Sa Majesté , que les arrêts du conseil des 24 Mars & 22 Septembre 1776 , soient exécutés , & aient leur effet pour tout ce à quoi il n'a pas été dérogé par le présent arrêt. Fait au conseil d'état du roi, Sa Majesté y étant, tenu à Versailles le sept Mars mil sept cent soixante-dix-neuf. *Signé*, AMELOT.

N°. IV.

ARRÊT

DU CONSEIL D'ÉTAT DU ROI,

Concernant la Caisse d'Escompte.

Du 27 Septembre 1783.

Extrait des Registres du Conseil d'Etat.

Sur ce qui a été représenté au roi, étant en son conseil, de la part des administrateurs de la caisse d'escompte, que la rareté du numéraire opérée par les circonstances de la guerre, qui ont empêché l'importation annuelle & régulière des matieres d'or & d'argent, en même tems que les especes ont été exportées au loin, a forcé le commerce, & sur-tout celui de la ville de Paris, où ce vuide se fait plus particuliérement sentir, à recourir à la ressource que le gouvernement a voulu lui ménager, en autorisant l'établissement de la caisse d'escompte:

Que leur zele à secourir le commerce, les a engagés à escompter autant de lettres de change & de bons effets sur particuliers qu'il s'en est présenté, & qu'admis à payer ces lettres de change en argent

ou en billets de caiſſe au porteur, la confiance du
public envers cette caiſſe les a mis dans le cas
d'augmenter le nombre deſdits billets en proportion des beſoins des commerçans, mais que la reſſource ſur laquelle le commerce a dû compter pour
remettre du numéraire dans la circulation, ſe trou-
vant retardée dans ſes effets, il en réſulteroit pour
la caiſſe d'eſcompte un embarras momentané de
continuer au public la facilité des eſcomptes, dans
l'impoſſibilité de payer en eſpeces, & même de
rembourſer en argent comptant ſes billets lorſqu'ils
lui ſont préſentés en trop grande quantité, s'il n'y
étoit pourvu par Sa Majeſté :

Que dans la néceſſité d'attendre tout l'effet des
reſſources que le retour de la paix préſente au commerce, & de continuer un ſervice qui lui a procuré de ſi grands avantages, ils ne voient point
de moyen plus aſſuré que d'être autoriſés juſqu'au
1er. Janvier prochain, époque où il eſt reconnu que
la circulation des eſpeces ſera parfaitement rétablie,
à faire payer en lettres de change & bons effets
ſur particuliers, exiſtans dans la caiſſe, les billets
de ladite caiſſe, à ceux des porteurs qui ne voudront pas les laiſſer dans le commerce, aux offres
qu'ils font d'en bonifier l'eſcompte, s'il plaiſoit au
roi, moyennant leſdites offres, de défendre juſqu'à
ladite époque du 1er. Janvier, toute pourſuite contre qui que ce ſoit, pour raiſon deſdits billets au
porteur, & d'ordonner qu'ils continueront d'avoir

cours,

cours , & d'être reçus & donnés pour comptant dans
toutes les caiffes générales & particulieres dans la
ville de Paris feulement. A quoi voulant pourvoir ;
vu l'état des billets de ladite caiffe d'efcompte qui
circulent dans le public , & celui des lettres de
change & autre effets pris à l'efcompte , dont le
montant excede celui defdits billets , tant des douze
millions de fonds faits par les actionnaires , que
de l'excédant du bénéfice non encore réparti : oui
le rapport du fieur le Fevre d'Ormeffon , confeiller
d'état & ordinaire au confeil royal , contrôleur
général des finances ; LE ROI ÉTANT EN SON
CONSEIL, a autorifé & autorife le caiffier général de la
caiffe d'efcompte à payer à ceux des porteurs des billets
de ladite caiffe , qui ne voudront pas les laiffer
dans la circulation, le montant defdits billets , en
bons effets & lettres de change fur particuliers , en
bonifiant l'efcompte. Ordonne Sa Majefté que lefdits
billets au porteur continueront d'avoir cours & d'être
donnés & reçus pour comptant , comme par le
paffé , dans toutes les caiffes générales & particulieres , à Paris feulement : fait défenfes Sa Majefté
à tous porteurs, de faire aucune pourfuite jufqu'au
1er. Janvier prochain, pour le paiement en efpeces
defdits billets. Fait pareillement défenfes Sa Majefté à tous notaires ou huiffiers, de faire aucuns
protêts ou autres pourfuites, jufqu'audit jour 1er.
Janvier, pour raifon des lettres & billets de change
ou au porteur, dont le paiement aura été réellement

K

offert en billets de la caiſſe d'eſcompte ; Sa Majeſté ſe réſervant, & à ſon conſeil, la connoiſſance
de toutes pourſuites & conteſtations, concernant l'exécution du préſent arrêt, icelles interdiſant à ſes
cours & autres juges. Fait au conſeil d'état du roi,
Sa Majeſté y étant, tenu à Verſailles le vingt-ſept
Septembre mil ſept cent quatre-vingt-trois.

Signé, AMELOT.

Nº. V.

ARRÈT

DU CONSEIL D'ÉTAT DU ROI,

Concernant le transport des Eſpeces d'Or &
d'Argent.

Du 30 Septembre 1783.

Extrait des Regiſtres du Conſeil d'État.

Le roi étant informé que pluſieurs banquiers &
commerçans de Paris & des principales villes du
royaume, profitant de la grande facilité que procurent aujourd'hui au commerce les routes pratiquées
dans toute la France, ainſi que l'établiſſement des
meſſageries, des diligences & du roulage, & abu-
ſant de la liberté dont Sa Majeſté veut bien les laiſſer jouir pour leur négoce, font du tranſport des eſ-

peces d'or & d'argent, la matiere de leur principale
fpéculation, pour faire hauffer ou baiffer, à leur
gré, le prix du change, opérer, fuivant leurs intérêts
particuliers, l'abondance ou la difette dans la capitale &
dans les provinces, & fous prétexte de venir au fecours
des frontieres, verfer les efpeces de France dans les pays
étrangers, contre les difpofitions des ordonnances,
& S. Maj. s'étant affurée, par les états & bordereaux
qui lui ont été préfentés dans fon confeil, que la quantité d'efpeces forties de la feule ville de Paris depuis
trois mois, s'éleve à une telle fomme, que, malgré
les foins qu'elle s'eft donnés pour faire participer fes
fujets aux premiers avantages de la paix, en fe pro-
curant toutes les matieres d'or & d'argent qu'il a
été poffible d'obtenir, & en les faifant convertir en
efpeces dans les principaux hôtels des monnoies du
royaume, pour réparer le vuide occafionné par la
derniere guerre, les principales caiffes du commerce
de Paris & même la caiffe d'efcompte éprouvent
pour le numéraire une telle pénurie, qu'il devient
indifpenfable d'en arrêter la caufe, en renouvellant
les anciens réglemens contre le tranfport des efpeces, & en prenant de fages mefures pour pouvoir
attendre non-feulement qu'un commerce mieux réglé
les remette dans la circulation, mais qu'elles foient encore ranimées, tant par les efpeces, à la fabrication
defquelles on travaille fans relâche, que par l'arrivée
des matieres qui étoient retenues par les dangers de la
guerre. A quoi voulant pourvoir : ouï le rapport du

fieur le Fevre d'Ormeſſon, conſeiller d'état & ordinaire au conſeil royal, contrôleur général des finances :
LE ROI ÉTANT EN SON CONSEIL, a renouvellé &
renouvelle les défenſes faites par les ordonnances du
royaume, & ſous les peines y portées, contre tous
tranſports d'eſpeces d'or ou d'argent en pays étrangers. Ordonne Sa Majeſté, conformément & en
exécution du privilege accordé au fermier général
des meſſageries, qu'il ne ſera fait aucun tranſport
d'eſpeces de Paris dans les provinces, que par la
voie deſdites meſſageries royales, & en payant le
prix de la voiture, ſuivant le tarif annexé au préſent arrêt. Ordonne pareillement Sa Majeſté, que
les billets de la caiſſe d'eſcompte continueront d'a-
voir cours & d'être reçus & donnés pour comptant
comme par le paſſé, dans toutes les caiſſes générales & particulieres, ſi mieux n'aiment les porteurs
deſdits billets recevoir de ladite caiſſe, en paiement
d'iceux, des lettres de change & bons effets ſur particuliers, actuellement exiſtans dans ſes porte-feuilles,
& payables au plus tard dans trois mois, en bonifiant l'eſcompte ; au moyen de laquelle option,
Sa Majeſté fait défenſes aux porteurs deſdits billets,
de faire juſqu'au 1er. Janvier prochain, aucunes pourſuites pour leur paiement en eſpeces, ſauf à ladite
caiſſe à faire journellement leſdits paiemens en eſpeces, à meſure de ſes recouvremens, ſans qu'elle
puiſſe y être contrainte avant ledit jour 1er. Janvier.
Fait pareillement défenſes, Sa Majeſté, à tous no-

taires ou huiſſiers, de faire aucun protêt ou autres
pourſuites, juſqu'audit jour 1er. Janvier, pour raiſon des lettres & billets de change ou au porteur,
payables à Paris, dont le payement aura été réellement offert en billets de la caiſſe d'eſcompte ; Sa
Majeſté ſe réſervant, & à ſon conſeil, la connoiſſance de toutes pourſuites & conteſtations concernant l'exécution du préſent arrêt, icelle interdiſant à
ſes cours & autres juges. Fait au conſeil d'état du
roi, Sa Majeſté y étant, tenu à Verſailles le trente
Septembre mil ſept cent quatre-vingt-trois.

Signé, AMELOT.

TARIF ET CONDITIONS.

Conformément au tarif annexé à l'arrêt du 7
Août 1775, le prix pour le port de l'or & l'argent
monnoyé & en matiere, demeurera fixé à quarante
ſous par mille livres, du lieu du départ juſqu'à vingt
lieues & au deſſous ; & à vingt ſous par mille livres
pour chaque dix lieues, par toutes les routes excédant vingt lieues, ſans que le fermier général des
meſſageries puiſſe faire aucune remiſe ou compoſi-
tion, ce que Sa Majeſté lui défend expreſſément ;
tous marchés, & conventions portant compoſi-
tion & remiſe, demeurant nuls & comme non
avenus.

K iij

NOMS DES VILLES.	DISTANCE de PARIS.	PRIX du TARIF.	
	lieues.	liv.	f.
ALENÇON	43.	4	
AUCH	166.	16	10
BESANÇON	91.	9	
BORDEAUX . . .	155.	16	
CAEN	53.	5	
FLANDRE	57.	6	
LA ROCHELLE . .	139.	14	
LIMOGES	93.	9	
LYON	113.	11	
METZ	76.	8	
MOULINS	74.	7	
RIOM	92.	9	
ROUEN	32.	3	
STRASBOURG . . .	112.	11	
TOULOUSE	168.	17	

Fait & arrêté au confeil d'état du roi , tenu à Verfailles le trente Septembre mil fept cent quatre-vingt-trois.

Signé, AMELOT.

N°. VI.

ARRÊT

DU CONSEIL D'ÉTAT DU ROI,

Concernant les Paiemens de la Caisse d'Escompte.

Du 4 Octobre 1783.

Extrait des Registres du Conseil d'Etat.

Le roi s'étant fait représenter, en son conseil, le procès-verbal dressé le 3 de ce mois, en vertu des ordres de Sa Majesté, par le sieur Lenoir, conseiller d'état, de la vérification faite, suivant les offres des administrateurs de la caisse d'escompte, de l'état de ladite caisse, & Sa Majesté ayant reconnu que, conformément à leur exposé, & toutes déductions faites des billets de ladite caisse, payables aux porteurs, qui circulent dans le public, il lui reste en lettres de change & bons effets sur particuliers, non-seulement la valeur des douze millions, à quoi ses fonds ont été fixés par l'arrêt du 22 Septembre 1776, pour être employés en totalité à ses opérations, mais une somme assez forte, restant des bénéfices que les actionnaires ne se sont

K iv

point encore répartis ; Sa Majeſté a trouvé qu'il étoit
de ſa juſtice, comme de l'intérêt du commerce,
non-ſeulement de manifeſter ce que ce réſultat préſente de ſatisfaiſant, mais encore de donner aux adminiſtrateurs de la caiſſe d'eſcompte une preuve
de ſa confiance, en leur laiſſant la liberté de n'uſer
en faveur de la caiſſe d'eſcompte, de l'autorité des
arrêts des 27 & 30 du mois paſſé, que de la maniere qu'ils trouveront eux-mêmes la plus convenable, en faiſant les paiemens en deniers, à meſure
des recouvremens, ainſi qu'ils y ſont déjà autoriſés par l'arrêt du 30 Septembre, & en leur conti-
nuant la faculté d'eſcompter les effets commerçables
quand ils le jugeront à propos, ſuivant la poſſibilité
de ladite caiſſe & les beſoins du commerce.

A quoi voulant pourvoir : vu ledit procès-verbal
du 3 de ce mois, & les trois états y annexés ; le
premier, des deniers trouvés en caiſſe ; le ſecond,
des effets commerçables étant dans les porte-feuilles ;
le troiſieme, du nombre & des ſommes des billets
payables aux porteurs, actuellement répandus dans la
circulation. Ouï le rapport du ſieur le Fevre d'Ormeſſon, conſeiller d'état & ordinaire au conſeil
royal, contrôleur général des finances ; LE ROI
ÉTANT EN SON CONSEIL, a ordonné & ordonne, conformément aux arrêts des 27 & 30 Septembre, qui ſeront exécutés ſuivant leur forme &
teneur, que la caiſſe d'eſcompte pourra faire journellement tels paiemens en eſpeces que les adminiſ-

trateurs jugeront convenables, fuivant la poſſibilité
de ladite caiſſe, & à meſure de ſes recouvremens;
déclarant Sa Majeſté, non-ſeulement que les billets
au porteur de ladite caiſſe feront reçus en paiement
comme argent comptant, dans toutes les caiſſes
royales, mais qu'elle n'exigera pas & ne ſouffrira
pas qu'il ſoit exigé, en ſon nom, aucune préférence
ſur les deniers de la caiſſe d'eſcompte. Permet Sa
Majeſté auxdits adminiſtrateurs de continuer à eſcompter les lettres de change & autres effets commerçables, conformément à l'article II de l'arrêt du
24 Mars 1776, portant établiſſement de ladite
caiſſe, & aux arrêts & réglemens rendus pour raiſon d'icelle, leſquels feront exécutés dans tous leurs
points, ſuivant leur forme & teneur, juſqu'à ce qu'il
en ait été autrement ordonné. Fait au conſeil d'é-
tat du roi, Sa Majeſté y étant, tenu à Verſailles le
quatre Octobre mil ſept cent quatre-vingt-trois.

Signé, AMELOT.

N°. VII.

ARRÈT

DU CONSEIL D'ÉTAT DU ROI,

Qui, en faisant cesser l'effet de ce qui avoit été ordonné pour un tems, par les arréts des 27 & 30 7bre. dernier, concernant le cours des billets de la Caisse d'Escompte, affranchit leur circulation de toute contrainte, & déclare leur acceptation purement volontaire ; autorise la création de mille actions nouvelles, délibérée en l'assemblée générale des actionnaires, du 14 de ce mois, & homologue les statuts arrétés par eux dans leur assemblée du 24 suivant.

Du 23 Novembre 1783.

Extrait des Registres du Conseil d'État.

LE roi ayant voulu, par une suite de la vigilance paternelle qui fixe ses regards sur tout ce qui intéresse la tranquillité de ses sujets, le bien du commerce & la confiance publique, prendre une connoissance exacte de tout ce qui concerne la caisse d'escompte, des principes de son institution, des causes qui ont amené la crise qu'elle a éprouvée, de l'effet qu'ont produit les moyens employés pour y remédier, & de la situation actuelle où elle se

trouve ; Sa Majefté a vu que cet établiffement préfentoit en lui-même des avantages très-importans ,
qu'en réalité il en avoit déjà procuré d'inconteſtables , & que , bien dirigé, il pouvoit en produire
de plus grands encore , mais qu'abandonné à une
adminiftration défectueuſe , il feroit fufceptible des
abus les plus pernicieux. Elle a reconnu que fi ce qui
étoit arrivé , pouvoit donner lieu de croire que ceux
qu'ils auroient dû prévenir , avoient manqué de prévoyance dans leur conduite , & de mefure dans
leurs opérations, c'étoit fur-tout au vice du régime
que devoit s'attribuer un événement auquel des circonftances extraordinaires avoient aufli contribué , &
dont la peur avoit exagéré le danger ; qu'au fond
la créance des poffeffeurs de billets de la caiffe
n'avoit pas été un feul inftant compromife, puifqu'il y avoit toujours exiſté en lettres de change &
bons effets fur particuliers , un fonds de valeurs
beaucoup plus confidérable que le montant des billets en circulation ; qu'effectivement , au moyen de
la jufte modération apportée dans les efcomptes ,
dont l'interruption totale eût été nuifible au commerce, la rentrée fucceffive du produit de ces valeurs à leurs échéances avoit déjà fuffi pour acquitter & retirer la plus grande partie de ces billets,
dont la maffe réelle eft aujourd'hui réduite à moins
de moitié de ce qu'elle étoit il y a fix femaines ;
l'excédant ayant été biffé & annullé , ainfi que la
totalité de ceux qui étoient gardés en réferve.

Sa Majesté s'étant assurée de l'exactitude avec laquelle il avoit été procédé à cette suppression & annihilation de billets, conformément à la résolution prise en l'assemblée des actionnaires, le 14 de ce mois, a voulu aussi constater si la caisse pourroit s'acquitter envers le public, avant l'expiration du délai prescrit, dont elle a déclaré qu'il n'y auroit aucune prolongation, pour quelque cause & raison que ce pût être ; elle a vu avec satisfaction que, par l'effet des sages mesures que suivent les administrateurs de la caisse d'escompte, par l'augmentation de son capital, résultante d'une création d'actions nouvelles, ainsi que du délaissement des bénéfices en accroissement de fonds, & à la faveur de l'abondance du numéraire arrivé depuis le commencement du mois d'Octobre dernier, il étoit calculé & démontré que bientôt & sûrement avant l'époque du 11. Janvier prochain, ils seroient en état de payer à bureau ouvert, & de satisfaire sans aucun secours, à tous leurs engagemens.

Dans une situation aussi capable de dissiper toute inquiétude, Sa Majesté n'a pas voulu différer de faire cesser l'effet de la disposition portée dans les arrêts rendus en son conseil, les 27 & 30 du mois de Septembre dernier, par laquelle, sur la demande des administrateurs de la caisse d'escompte, elle avoit ordonné momentanément que ses billets au porteur seroient reçus & donnés pour comptant dans toutes les caisses générales & particulieres de la ville

de Paris. Sa Majesté est informée que cette disposition qui n'étoit qu'une facilité limitée dans son
terme & dans ses effets, accordée dans l'unique
vue de parer aux inconvéniens fâcheux que l'engor-
gement subit de la caisse d'escompte auroit pu entraîner, & pour soutenir le cours d'effets représen-
tatifs de valeurs réellement existantes, a cependant
fait naître des idées confuses de papier-monnoie, &
les alarmes que ce mot seul inspire. C'est pour détruire jusqu'au moindre prétexte d'une induction aussi
fausse, aussi contraire à ses intentions les plus cons-
tantes, & aussi incompatible avec ses principes,
qu'elle se hâte d'effacer l'empreinte d'autorité qui a
paru donner aux billets de la caisse d'escompte un
caractere de force étranger à leur essence. Sa Majesté est convaincue que, loin qu'il en puisse résulter aucun embarras, c'est au contraire un moyen
sûr de faire sortir & circuler les especes que la crainte
d'un papier forcé tenoit resserrées, de rendre aux
billets de la caisse leur ancienne faveur, en leur ren-
dant leur premiere liberté, & de raffermir, à leur
égard, la confiance publique, en faisant voir qu'ils
n'ont plus besoin d'un appui extraordinaire.

L'objet de Sa Majesté n'eût pas été rempli, & sa
bienfaisante sollicitude pour ses peuples ne seroit pas
entiérement satisfaite, si en même tems qu'elle daigne
prendre le soin de les rassurer sur la solidité de billets au porteur qui, d'eux-mêmes & par l'extension
volontaire de leur usage que leur commodité seule

a produite, sont devenus une espece d'effet public, elle ne détruisoit pas aussi tout sujet d'appréhender le retour des inconvéniens que les imperfections du régime de la caisse d'escompte ont occasionnés. Les nouveaux statuts qui lui ont été présentés de la part des actionnaires & des administrateurs, lui ont paru suppléer à ce qui manquoit aux réglemens de cet établissement, rectifier ce qu'il pouvoit y avoir de défectueux, ramener aux principes de l'institution primitive ce qui s'en étoit écarté, & ne laisser à désirer aucune des précautions nécessaires, soit pour donner dans tous les tems aux propriétaires de billets la certitude d'un prompt paiement, soit pour contenir les opérations de la caisse dans de justes bornes, par une surveillance éclairée. En conséquence, Sa Majesté a reçu favorablement la demande qui lui a été faite, de revêtir ces statuts de la sanction de son autorité; & elle a lieu de croire que par la réunion de ces sages dispositions, cet établissement dont l'expérience a déjà prouvé l'utilité, reprendra toute son activité, acquerra de nouvelles forces par l'ordre qui régnera dans son administration, & procurera au commerce du royaume des facilités qui en augmenteront l'étendue & la prospérité. A quoi voulant pourvoir, ouï le rapport du sieur de Calonne, conseiller ordinaire au conseil royal, contrôleur des finances, LE ROI ÉTANT EN SON CONSEIL, a ordonné & ordonne que la disposition contenue en ses arrêts des 27 & 30

Septembre dernier, qui porte que les billets de la
caiſſe d'eſcompte feront reçus & donnés pour comptant dans toutes les caiſſes générales & particulieres
de la ville de Paris, ceſſera d'avoir effet à compter
du jour de la publication du préſent arrêt ; qu'en
conſéquence le cours deſdits billets ſera, comme
antérieurement auxdits arrêts, abſolument libre &
volontaire, ſans qu'en aucun cas l'acceptation puiſſe
en être forcée. Permet & autoriſe, Sa Majeſté, la
création de mille actions nouvelles, réſolue en l'aſſemblée générale des actionnaires de ladite caiſſe
d'eſcompte, par délibération du 14 du préſent mois :
approuve & homologue les ſtatuts arrêtés par autre
délibération de ladite aſſemblée, en date du 22 de
ce mois, leſquels feront annexés au préſent arrêt :
veut & ordonne, Sa Majeſté, que leſdits ſtatuts
ſoient exécutés en tout leur contenu, nonobſtant
toutes diſpoſitions contraires qui pourroient ſe trouver dans aucuns de ſes précédens arrêts auxquels Sa
Majeſté a dérogé & déroge en tant que beſoin
ſeroit, & en ce regard ſeulement. Fait au conſeil
d'état du roi, Sa Majeſté y étant, tenu à Fontainebleau, le vingt-trois Novembre mil ſept cent quatre-vingt-trois.

Signé, GRAVIER DE VERGENNES.

STATUTS & Réglemens pour la Caiffe d'Efcomp-
té , formés par le comité des Actionnaires commis
à cet effet par délibération de l'affemblée géné-
rale , du 14 Novembre 1783 , & arrêtés en
l'affemblée générale , tenue le 22 fuivant.

ARTICLE PREMIER.

Les actionnaires resteront affociés en commandite,
fous la dénomination de *Caiffe d'Efcompte.*

I I.

Le capital de la caiffe d'efcompte , en conféquence de la création de mille actions nouvelles,
réfolue par délibération du 14 de ce mois, fera déformais porté à quinze millions , en cinq mille
actions, de trois mille livres chaque ; & néanmoins
le bénéfice acquis aux anciennes actions , ainfi que
le fupplément de cinq cens livres, fourni par chacune des nouvelles, pour être mifes au niveau des
anciennes, évalués enfemble à environ deux millions cinq cens mille livres , refteront en réfetve ,
afin de fuppléer aux pertes imprévues que la caiffe
pourroit éprouver.

I I I.

Quoiqu'il foit de l'effence de cet établiffement de
ne

ne mettre en circulation aucun billet dont la caiſſe n'ait reçu la valeur, ſoit en argent effectif, ſoit en effets, pris à l'eſcompte ; que par conſéquent le capital ci-deſſus énoncé ne ſoit repréſentatif d'aucuns de ces engagemens, en même tems qu'il eſt reſponſable de tous, & qu'ainſi cette maſſe de reſponſabilité ſoit plus que ſuffiſante pour conſtater la ſolidité entiere des billets ; cependant pour aſſurer que la caiſſe ſera conſtamment en état de ſatisfaire à l'obligation étroite de payer ſes billets à préſentation, il y ſera toujours gardé un fonds ſuffiſant d'eſpeces effectives, dont la quotité ſera déterminée par le réglement du régime intérieur, dans une proportion qui ne pourra jamais être moindre du tiers au quart de la ſomme des billets en circulation ; deſquels fonds en eſpeces & billets de circulation, il ſera fait tous les huit jours un état, ſigné des directeurs & adminiſtrateurs, pour être enliaſſé & repréſenté à la fin de chaque ſemeſtre, à l'aſſemblée générale des actionnaires.

I V.

Il ne ſera reçu à l'eſcompte que des lettres de change & autres effets commerçables, au choix des directeurs & adminiſtrateurs chargés de leur examen ; & leſdits effets reconnus bons, participeront avec une juſte égalité, à la faveur de l'eſcompte.

V.

Il ne ſera rien eſcompté à plus de quatre-vingt-

L

dix jours de terme, & le prix de l'escompte ne pourra
excéder quatre pour cent, pour ce qui ne passera
pas l'échéance de trente jours ; & quatre & demi
pour cent, pour les effets dont l'échéance sera depuis trente jours jusqu'à quatre-vingt-dix.

V I.

Le bureau pour les escomptes ne sera ouvert désormais que les Lundi, Mercredi & Vendredi de chaque semaine.

V I I.

Les opérations de ladite caisse d'escompte seront
régies par treize administrateurs, qui seront élus à
la pluralité des suffrages, par l'assemblée générale
des actionnaires : pour donner plus facilement accès
dans l'administration à toutes les classes de citoyens,
il ne pourra pas être choisi plus de six personnes du
même état, & l'on sera réputé être encore d'un
état lorsqu'il n'y aura pas deux années révolues qu'on
l'aura quitté. L'assemblée générale sera convoquée à
cet effet dans les quinze premiers jours de chaque
année, à commencer au mois de Janvier prochain ;
& dans les assemblées de chacune des années suivantes, il sera procédé au renouvellement de quatre
des treize administrateurs ; & ceux qui seront sortis,
seront susceptibles d'être élus dès l'année suivante.

VIII.

Les administrateurs seront tenus, dans toute leur gestion, de se conformer à ce qui aura été déterminé par délibérations des assemblées générales ; ils nommeront les employés, fixeront leurs appointemens, & pourront les révoquer ; le tout ainsi qu'ils jugeront convenir pour le bien & l'avantage de la compagnie. Cette administration continuera d'être gratuite, jusqu'à ce qu'il ait été décidé autrement dans une assemblée générale ; & les administrateurs seront astreints à conserver vingt-cinq actions au dépôt de la caisse.

IX.

Il sera créé en outre, deux directeurs permanens, à appointemens fixes, lesquels seront nommés par l'assemblée générale, sur la présentation des administrateurs, & pourront être destitués par eux à la pluralité des trois quarts des voix.

X.

Ces directeurs suivront toutes les opérations de la caisse, sous les ordres & l'inspection des administrateurs, & les fonctions de ces directeurs seront plus amplement détaillées dans le réglement pour le régime intérieur.

XI.

Les adminiſtrateurs nommeront chaque ſemaine deux d'entr'eux, pour ſurveiller le ſervice journalier ; & il en ſera rendu compte tous les huit jours, par les directeurs, à l'aſſemblée d'adminiſtration.

XII.

Il y aura, de droit, deux aſſemblées générales par an, l'une dans les quinze premiers jours de Janvier, l'autre dans les quinze premiers jours de Juillet, à l'effet de délibérer ſur tout ce qui intéreſſe la compagnie, & ſpécialement pour recevoir & examiner le compte du ſemeſtre précédent, à l'effet de quoi ladite aſſemblée fera choix de trois actionnaires pour prendre une connoiſſance exacte & détaillée de toutes les opérations, conſtater ſi elles ont été conformes aux ſtatuts, vérifier l'état des caiſſes, & rendre compte du tout à une ſeconde ſéance de ladite aſſemblée qui ſe tiendra huit jours après, & qui avant ſa clôture, procédera à la fixation du dividende pour le ſemeſtre échu.

XIII.

Pour avoir entrée & voix délibérative dans les aſſemblées générales, il faudra être propriétaire de quinze actions au moins, & les avoir dépoſées d'avance, pendant fix mois confécutifs, ce qui néanmoins n'aura lieu qu'à commencer du 1er. Juillet 1784, & jufque-là il fuffira que lefdites actions aient été dépofées quinze jours avant celui de l'affemblée générale.

X I V.

Nul actionnaire ne pourra donner fa voix s'il n'est préfent à l'affemblée ; mais tout actionnaire préfent, propriétaire de trente actions qu'il aura dépofées, comme il est dit ci-deffus, aura deux voix ; il en aura trois, s'il a dépofé foixante actions ; & quatre, s'il en a dépofé quatre-vingt-dix, fans qu'il puiffe en avoir davantage, quel que foit le nombre de fes actions, & fans que cette faculté s'étende à d'autres cas que ceux où les voix fe donnent par le fcrutin ; ce qui aura lieu pour toutes les élections, & ne pourra être refufé dans les autres queftions, lorfque douze actionnaires préféns le demanderont.

X V.

Neuf actionnaires ayant voix, pourront demander, par un écrit figné d'eux & adreffé aux adminiftrateurs, une affemblée générale aux actionnaires, & cette affemblée extraordinaire fera convoquée pour avoir lieu dans dix jours après celui de la demande.

Les adminiftrateurs auront le droit de convoquer

une affemblée générale chaque fois qu'ils le croiront néceffaire.

X V I.

Il continuera d'y avoir un dépôt d'actions, pour y recevoir, comme par le paffé, celles qu'on voudroit y mettre à l'abri de tout accident, & d'où les propriétaires pourront les retirer toutes les fois qu'ils le voudront.

X V I I.

Lorfqu'il fera queſtion de faire une élection, chaque actionnaire ayant voix, aura droit (feulement jufqu'à la furveille du jour indiqué pour l'affemblée) de demander par écrit & fous fa fignature, à l'adminiſtration telle perfonne qu'il jugera convenable, & la réunion de ces divers vœux fera préſentée à l'affemblée générale, par le corps d'adminiſtration, pour qu'elle choififfe dans cette lifte les adminiſtrateurs qui feroient à nommer.

X V I I I.

Les ſtatuts, ainfi réglés, ne pourront être changés en aucun point que par délibération de l'affemblée générale des actionnaires, prife à la pluralité des trois quarts des voix; fe réfervant, l'affemblée générale, de pourvoir à ce qu'il foit inceffamment formé un réglement d'inſtruction fur toutes les parties du régime intérieur de l'établiffement dont les bafes effentielles font contenues dans les préfens ftatuts que Sa Majefté fera fuppliée d'agréer & approuver par arrêt de fon confeil.

Fait & figné en l'affemblée du comité des actionnaires de la caiffe d'efcompte, à Paris, le vingt-un Novembre mil fept cent quatre-vingt-trois.

Lu & arrêté en l'affemblée générale des actionnaires, le vingt-deux du même mois.

Vu & approuvé au confeil d'état du roi, Sa Majefté y étant, à Fontainebleau, le vingt-trois Novembre mil fept cent quatre-vingt-trois.

Signé, GRAVIER DE VERGENNES.

N°. VIII.

ARRÈT

DU CONSEIL D'ÉTAT DU ROI,

Portant révocation de ceux des 27 & 30 Septembre dernier, concernant la Caiffe d'Efcompte.

Du 10 Décembre 1783.

Extrait des Regiftres du Confeil d'État.

Vu par le Roi, étant en fon confeil, la requête préfentée par les adminiftrateurs de la caiffe d'efcompte, contenant : que, par l'effet de l'attention

L iv

fuivie qu'ils ont eue de faire concourir, dans une
jufte proportion, l'extinction fucceffive des billets de
la caiffe, avec les fecours non interrompus qu'ils ont
donnés au commerce & aux particuliers, pour prévenir les malheurs qu'une autre marche auroit pu
entraîner, ils font parvenus à fe mettre en état de
reprendre, avec toute fécurité, leurs paiemens à bureau ouvert, qui même ont déjà eu lieu depuis plufieurs jours ; que d'ailleurs les examens rigoureux,
mais fages, que les actionnaires avoient fait faire
par leurs députés, en éclairant la conduite de l'adminiftration, avec la plus fcrupuleufe exactitude,
avoient fervi à calmer les inquiétudes du public, en
même tems qu'ils ont fait connoître la fituation parfaitement folide de leur établiffement ; que, dans
ces circonftances, il ne leur reftoit plus qu'à fupplier
très-humblement Sa Majefté d'accorder à leurs inf-
tances la révocation entiere & abfolue des arrêts des
27 & 30 Septembre dernier, en tout ce qui eft
relatif à la caiffe d'efcompte, & de vouloir bien
donner à cette révocation toute la publicité néceffaire, pour effacer les traces de cet événement malheureux : Sa Majefté, après s'être fait rendre compte
de la fituation actuelle de ladite caiffe & de tout
ce qui y a rapport, a reconnu qu'en effet, par la
bonne conduite des adminiftrateurs, il n'y avoit plus
le moindre fujet d'inquiétude fur l'exactitude du paiement des billets de ladite caiffe, fans qu'il fût befoin
d'aucun fecours de l'autorité, puifque le nombre des

billets qui étoient en circulation à l'époque de l'arrêt du 23 Novembre dernier, étant encore infiniment diminué, & les fonds destinés à leur acquittement, fort augmentés, il y avoit en caisse, au moment actuel, une quantité d'especes plus que suffisante pour faire face à toutes les demandes : en conséquence, le roi ayant égard à la demande des suppliants, & voulant leur donner un témoignage authentique de la confiance qu'ils méritent ; ouï le rapport du sieur de Calonne, conseiller ordinaire au conseil royal, contrôleur général des finances, SA MAJESTÉ ÉTANT EN SON CONSEIL, a ordonné & ordonne que lesdits arrêts des 27 & 30 Septembre dernier seront & demeureront révoqués en tout ce qui concerne la caisse d'escompte, & que les paiemens de ladite caisse se feront à bureau ouvert, sans retard ni délai, comme avant lesdits arrêts, qui seront réputés comme non avenus. Ordonne Sa Majesté que le présent arrêt sera publié & affiché par-tout où besoin sera. Fait au conseil d'état du roi, Sa Majesté y étant, tenu à Versailles le dix Décembre mil sept cent quatre-vingt-trois.

Signé, LE Bon. DE BRETEUIL.

N°. IX.

ARRÊT

DU CONSEIL D'ÉTAT DU ROI,

Concernant la fixation du Dividende de la Caiſſe d'Eſcompte.

Du 16 Janvier 1785.

Extrait des Regiſtres du Conſeil d'État.

Le roi étant informé qu'à l'aſſemblée des actionnaires de la caiſſe d'eſcompte, tenue le 12 du préſent mois, il s'eſt élevé des doutes ſur les principes
qui doivent régler la formation des dividendes, &
ſpécialement ſur l'exécution de l'article XVI de l'arrêt
de ſon conſeil du 24 Mars 1776, qui, en ordon-
nant que, pour parvenir à la fixation du dividende,
il ſera produit un compte détaillé des bénéfices faits
& réaliſés dans le ſemeſtre écoulé, a exclu formellement de la maſſe des profits partageables à la fin
de ce ſemeſtre, ceux qui n'étant pas encore échus,
ne lui ſont pas acquis, & ne peuvent appartenir qu'au
ſemeſtre ſuivant; Sa Majeſté a reconnu la néceſſité
de maintenir cette diſpoſition, à laquelle il n'a point

été dérogé, ainfi que d'établir une jufte proportion entre l'accroiffement des dividendes & celui du fonds réfervé, afin de concilier l'avantage légitime des actionnaires, avec la fûreté du public, & la folidité d'un établiffement dont la confiance eft la principale bafe. A quoi voulant pourvoir, ouï le rapport du fieur de Calonne, confeiller ordinaire au confeil royal, contrôleur général des finances, LE ROI ÉTANT EN SON CONSEIL, a ordonné & ordonne ce qui fuit.

ARTICLE PREMIER.

La difpofition de l'article XVI de l'arrêt du confeil du 24 Mars 1776 fera exécutée en ce qu'elle ordonne que la fixation du dividende ne pourra être faite que fur les bénéfices faits & réalifés dans le femeftre écoulé : en conféquence, ordonne Sa Majefté que le dividende des fix derniers mois 1784 ne fera établi que fur les profits & bénéfices réalifés au 31 Décembre dernier, & que de la maffe des bénéfices portés en compte jufqu'audit jour, feront déduits comme non acquis & non partageables, ceux réfultans de l'efcompte de tous les effets exiftans au portefeuille, lefquels ne feroient échus ni payables que poftérieurement à l'époque dudit jour 31 Décembre, fauf à les reporter dans le compte des bénéfices du femeftre courant.

I I.

Veut Sa Majefté que le fonds mis en réferve foit & demeure complété à la fomme de deux millions cinq cens mille livres, conformément à l'article II de l'arrêt de fon confeil du 22 Novembre 1783.

I I I.

Ordonne Sa Majefté qu'il fera inceffamment dreffé par des commiffaires nommés en l'affemblée des actionnaires, un projet de réglement pour déterminer la proportion qui devra exifter à l'avenir, entre le montant des dividendes & celui des fonds réfervés, lequel projet fera remis au contrôleur général des finances, pour en être rendu compte à Sa Majefté, & être par elle homologué, s'il y a lieu.

Fait au confeil d'état du roi, Sa Majefté y étant, tenu à Verfailles le feize Janvier mil fept cent quatre-vingt-cinq.

Signé, LE Bon. DE BRETEUIL.

N°. X.

ARRÊT

DU CONSEIL D'ÉTAT DU ROI,

Qui déclare nuls les marchés de Primes & engage-
mens illicites concernant les Dividendes des ac-
tions de la Caiffe d'Efcompte , & autres de pareil
genre.

Du 24 Janvier 1785.

Extrait des Regiftres du Confeil d'État.

Sur ce qui a été repréfenté au roi , par les commiffaires députés des actionnaires de la caiffe d'efcompte , que depuis trois mois , & notamment
dans les derniers jours du mois de Décembre , il
s'étoit fait fur les dividendes des actions de cette
caiffe , un trafic tellement défordonné , qu'il s'en
étoit vendu quatre fois plus qu'il n'en exifte réellement ; que la preuve en étoit acquife & mife fous
les yeux de Sa Majefté , par l'exhibition d'une grande quantité de marchés qui portent la réferve de
leur inexécution , moyennant des primes payables
comptant en proportion du prix plus ou moins
fort que les dividendes pourroient acquérir ; qu'ils
croyoient de leur devoir de dénoncer à Sa Ma-

jefté un abus qui pourroit compromettre la fortune
de fes fujets, & auquel feul devoient être attribuées
les difcuffions fàcheufes qui s'étoient élevées parmi
les actionnaires , lefquelles cefferoient indubitable-
ment , par la févérité qu'ils fupplioient Sa Majefté
d'employer pour profcrire & annuller des conventions également contraires à la bonne foi , au bon
ordre & au crédit public : Sa Majefté ayant donné une attention particuliere à l'objet de cette requête , & s'étant fait rendre compte , en fon confeil ,
de tous les faits qui y font relatifs , a reconnu qu'en
effet les marchés qui ont eu lieu par rapport aux
dividendes des actions de la caiffe d'efcompte du
dernier femeftre , font d'autant plus intolérables ,
que , foit de la part des vendeurs , foit de celle
des acheteurs , on a voulu fe prévaloir infidieufe-
ment de connoiffances qui promettant aux uns ou
aux autres des avantages certains , rendoient les
conditions inégales , & ne pouvoient produire que
des gains illicites ; que de pareils actes enfantés par
un vil excès de cupidité , ont le caractere de ces
jeux infideles que la fageffe des loix du royaume a
profcrits , & qu'ils tiennent à un efprit d'agiotage
qui depuis quelque tems s'introduit & fait des progrès auffi nuifibles à l'intérêt du commerce & aux
fpéculations honnêtes , qu'au maintien de l'ordre public ; que c'eft ainfi qu'à l'occafion du dernier emprunt , on a vu négocier jufqu'à l'efpérance d'y être
admis , & s'élever enfuite des difcuffions fcanda-

leufes fur la prétendue valeur d'engagemens néceffairement illufoires ; qu'aujourd'hui le même efprit &
l'animofité qu'il a produite entre ceux que l'avidité
de gagner, ou la crainte de perdre ont échauffés les uns contre les autres, eft l'unique principe
de la fermentation qui exifte relativement à la nature & à l'étendue des bénéfices partageables à la
fin de chaque femeftre pour la fixation des dividendes; qu'au furplus, quel que doive être le réfultat de
ces débats, il n'intéreffe en rien ni la folidité de
l'établiffement de la caiffe d'efcompte qui en eft
abfolument indépendante, ni la valeur des actions
que la fage réferve d'une partie des bénéfices ne peut
qu'améliorer, mais qu'il eft très-important de réprimer un défordre dont la fource excite la jufte indignation de Sa Majefté, & de rétablir la tranquillité en réprouvant les actes qui ont fait naître le
trouble. A quoi voulant pourvoir, vu la requête
préfentée à Sa Majefté par les commiffaires députés
des actionnaires de la caiffe d'efcompte, & les pieces y annexées, enfemble la déclaration du Ier. Mars
1781 ; ouï le rapport du fieur de Calonne, confeiller ordinaire au confeil royal, contrôleur général
des finances, LE ROI ÉTANT EN SON CONSEIL,
a ordonné & ordonne ce qui fuit.

ARTICLE PREMIER.

Les édits, arrêts, ordonnances & réglemens qui
ont profcrit les marchés de primes fur la valeur des

effets publics , les jeux de chances inégales , & tous pactes dont l'événement dépend de la volonté d'autrui , ou qui préfentent des avantages certains à l'une des parties au préjudice de l'autre , feront exécutés felon leur forme & teneur , notamment la difpofition de l'article II de la déclaration du 1er. Mars 1781 ; en conféquence , Sa Majefté déclare nuls & de nul effet tous marchés , jeux & pactes de ce genre ; fait très-expreffes inhibitions & défenfes à tous fes fujets d'en faire de femblables à l'avenir , & de donner aucune fuite à ceux qui auroient eu lieu jufqu'à ce jour.

I I.

Sa Majefté a pareillement annullé & annulle tous engagemens contractés fur des efpérances ou prétendues promeffes de placemens d'argent ou d'admiffions dans l'emprunt du mois de Décembre dernier.

I I I.

Déclare auffi nuls & de nul effet , tous marchés & engagemens pour recevoir ou fournir à terme futur , des dividendes d'actions de la caiffe d'efcompte du femeftre de Juillet 1784 , ou la valeur éventuelle d'iceux en efpeces ; fait défenfe Sa Majefté à tous vendeurs ou acheteurs d'en fuivre l'exécution ; ordonne que les primes qui ont pu être payées d'avance à l'occafion defdits marchés , feront
restituées ,

reftituées , & que celles promifes demeureront fans
effet. Evoque Sa Majefté à elle & à fon confeil la
connoiffance de toutes conteftations nées & à naître relativement aux objets mentionnés au préfent
article & au précédent , icelle interdifant à toutes
fes cours & juges ; enjoint au lieutenant général
de police de tenir la main à l'exécution du préfent arrêt , qui fera imprimé , publié & affiché
par-tout où befoin fera.

Fait au confeil d'état du roi , Sa Majefté y étant,
tenu à Verfailles le vingt-quatre Janvier mil fept
cent quatre-vingt-cinq.

Signé , LE Bᵒⁿ. DE BRETEUIL.

Nᵒ. XI.

RAPPORT

DU COMITÉ D'ACTIONNAIRES

De la Caiffe d'Efcompte inftitué par l'Affemblée
Générale, du 26 Novembre 1783, pour la confec-
tion d'un Réglement pour le Régime intérieur.

MESSIEURS,

Le comité chargé de la rédaction d'un plan de
réglement pour le régime intérieur de la caiffe d'efcompte , s'eft occupé à connoître en détail ce qui

M

s'eſt pratiqué juſqu'ici à cet égard, avec le deſſein de conſerver ce que l'expérience avoit démontré être utile, corriger ce qui paroîtroit défectueux, ſuppléer à ce qui feroit inſuffifant.

Il ne diſtinguera point entre ce qui étoit déjà, & ce qu'il propoſe pour l'avenir. Le travail qu'il vous offre, eſt le réſultat de ſes opinions après pluſieurs dicuſſions contradictoires avec vos adminiſtrateurs, & après avoir entendu vos principaux employés.

Sur le fond des articles eſſentiels à la véritable proſpérité de la compagnie, la diſcuſſion a bientôt réuni tous les avis; mais dans les détails d'exécution, différens procédés peuvent conduire au même but; le raiſonnement ſeul ne donne pas toujours dans ces matieres des réſultats inconteſtables; la leçon journaliere de l'expérience, & l'habitude continuelle des opérations méritent d'être particuliérement conſultées; & il a paru à votre comité que le corps d'adminiſtration occupé de la conduite journaliere de vos affaires, feroit plus à portée d'atteindre à la perfection dans ces détails que ne l'eſt un comité iſolé qui ne peut agir, pour ainſi dire, que ſpéculativement dans ces matieres, & à qui il manque néceſſairement des connoiſſances locales & matérielles, qui ſont requiſes dans la manutention habituelle d'un établiſſement qui exige à la fois autant d'ordre & autant d'activité que la caiſſe d'eſcompte.

D'après ces conſidérations, le comité a penſé qu'il

devoit plutôt s'occuper à établir des principes qu'à
prefcrire des procédés; à conftater ce que les actionnaires vouloient, plutôt qu'à définir comment
ils le vouloient.

Votre comité a donc eftimé qu'il devoit borner
fon travail à des principes généraux fur chacun des
principaux objets foumis à la furveillance des adminiftrateurs, & à des inftructions particulieres fur
quelques points très-importans : ils vont être traités
dans les chapitres fuivans. Nous penfons que le
refte peut & doit être abandonné à la difcrétion
& à l'expérience de l'adminiftration dépofitaire de
la confiance des actionnaires.

Si même il fe préfentoit dans l'exécution de quelques-uns de ces ftatuts des inconvéniens ou des
difficultés que nous n'avons pas prévus, vos adminiftrateurs ne doivent point oublier qu'en convoquant
une affemblée générale, ils pourront, fous fon autorité, faire les changemens qui paroîtront convenables; & cette facilité même fera un nouveau
garant pour vous de l'exactitude avec laquelle on
obfervera les regles que votre approbation aura con-
facrées.

Il feroit fuperflu de dire que cette précifion ne
regarde que les articles d'une certaine importance :
vous n'avez point entendu lier vos adminiftrateurs
dans les détails minutieux, néceffairement indifférens en eux-mêmes.

CHAPITRE PREMIER.

Des *Administrateurs.*

ARTICLE PREMIER.

L'article VIII des statuts & réglemens donne une définition générale des droits des administrateurs : ce sont les véritables gérens de l'affaire.

Ils doivent se regarder comme fondés de la procuration des actionnaires, & autorisés à lier la compagnie, excepté dans les cas qui exigent le concours de l'assemblée générale des actionnaires, ou une autorisation spéciale du gouvernement; mais ils ne pourront, dans aucun cas, ni sous aucun prétexte, solliciter de nouveaux arrêts du conseil, sans en avoir préalablement exposé les motifs & le sujet à une assemblée générale des actionnaires, & sans y être expressément autorisés par elle.

Et à moins d'une semblable autorisation, le commerce des matieres n'aura plus lieu à l'avenir (1).

I I.

Tout doit se décider entre les administrateurs à la pluralité des voix, mais après une ample & libre

_____

(1) Passé 7 voix contre 1.

difcuffion : il faut que chaque membre ait le droit
de motiver, d'infcrire & de figner fon avis & fes
propofitions, & cela indifféremment, foit qu'on les
ait approuvées ou rejettées.

III.

A cet effet, il fera tenu deux regiftres, dont l'un,
nommé *Journal des affemblées d'adminiftration*,
contiendra les noms des admi iftrateurs préfens à
chaque affemblée : toute prop   on fur laquelle on
voudra prendre les voix y fer   nfcrite avant d'aller
aux voix, & chaque membre aura la liberté d'y faire
inférer fon avis détaillé, s'il le juge à propos, moyennant qu'il le figne ; & ce journal devra faire mention
du nombre des voix, & des noms des votans pour
& contre fur chaque propofition mife en délibération.

Le fecond regiftre fera intitulé : *Décifions de
l'adminiftration*, & contiendra feulement les décifions qui auront paffé, & devront être exécutées.

IV.

Lorfque, par des caufes quelconques, il y aura deux
places d'adminiftrateurs vacantes, on convoquera une
affemblée générale exprès pour les remplacer, à moins
que ce ne foit à un terme moins éloigné que fix
femaines d'une affemblée générale ; mais dans tous
les cas d'élections, l'annonce de convocation doit en
faire mention.

V.

A chaque élection de nouveaux administrateurs ; si neuf des anciens estiment qu'il ne seroit pas convenable de présenter à l'assemblée générale quelques-uns des candidats qui leur auroient été indiqués, ils en auront la liberté (1).

V I.

Les administrateurs ne pouvant dans aucun cas perdre leurs droits d'actionnaires, il est spécialement entendu qu'ils jouiront constamment du nombre de voix proportionné au nombre d'actions dont ils feront propriétaires, & conformément à l'article 14 des statuts ; & dans tous les objets de discussion qui auront un rapport direct ou indirect avec l'administration, on ira aux voix par le scrutin, soit qu'il soit demandé ou non (2).

V I I.

L'assemblée générale des actionnaires ne pouvant, par la nature de cet établissement, accorder aucune pension, il ne sera permis à l'administration de donner à la même personne, en supplément d'appoin-

---

(1) Passé à l'unanime.
(2) Cet article a été ajouté par l'assemblée générale.

temens ou gratification, qu'une fomme qui ne doit jamais excéder trois mille livres par an ; l'affemblée fe réfervant d'accorder des gratifications plus fortes (1).

CHAPITRE II.

Des Affemblées d'Adminiftration.

ARTICLE PREMIER,

L'article II des ftatuts a décidé qu'il fe tiendroit une affemblée d'adminiftration par femaine ; cela doit s'entendre indépendamment de toute affemblée de comité particulier ; & ces comités particuliers, compofés de trois membres au moins, qui devront s'occuper plus particuliérement des objets dont ils feront féparément chargés, devront tous rapporter leur travail à l'affemblée de femaine, & avoir la fanction de celle-ci avant que les délibérations des comités puiffent être réputées exécutoires.

II.

C'eft dans ces affemblées qu'on nommera le préfident de chaque mois, & les deux adminiftrateurs de femaine pour le fervice de l'efcompte ; de maniere toutefois que chaque adminiftrateur paffe à

_____

(1) Cet article a été ajouté par l'affemblée générale,

fon tour à ces deux genres de fervices, & qu'il foit pourvu à l'avance au remplacement de ceux qui, pour des caufes quelconques, ne pourroient affifter à l'exécution des fonctions dont ils feroient fpéciale- ment chargés, lequel remplacement fe fera à l'a- miable parmi les adminiftrateurs.

I I I.

Ce fera l'affemblée d'adminiftration qui fixera chaque femaine la fomme à deftiner à l'efcompte pour la huitaine fuivante ; elle pourra accompagner cette fixation de telles conditions, reftrictions, exclu- fions & inftructions qu'elle jugera convenables, aux- quelles les adminiftrateurs de femaine feront tenus de fe conformer.

Pour parvenir à la fixation de la fomme à defti- ner à l'efcompte, il fera mis fous les yeux de l'ad- miniftration, à chaque affemblée fans faute, un état exact du montant des billets en circulation, du folde réellement dû aux comptes courans, des efpeces en caiffe, & de la recette à faire dans la huitaine en effets du porte-feuille pris à l'efcompte : ces effets fe- ront fucceffivement rapprochés en tableaux, de ma- niere à préfenter l'état progreffif de l'affaire ; & ce fera d'après l'examen réfléchi & détaillé de ce tableau que les adminiftrateurs détermineront, à la pluralité des fuffrages, la fomme à donner à l'efcompte, & le détail de cette opération fera néceffairement par- tie du journal d'affemblée de l'adminiftration.

CHAPITRE III.

Des Directeurs.

ARTICLE PREMIER.

Il y aura déformais deux directeurs, favoir : le caiffier général, ayant le titre de Directeur des caiffes, qui fera chargé de la furveillance généralé des caiffes & des billets, & particuliérement de la vérification de la rentrée, invalidation, brûlement & comptabilité des billets de caiffe, à l'anéantiffement defquels il ne procédera néanmoins qu'en préfence des adminiftrateurs du comité.

Le fecond directeur fera fpécialement chargé de la furveillance, & de la comptabilité des comptes courans, des dépôts d'actions, & en général il veillera à ce que les livres & écritures de tous les genres foient convenablement tenus en bon ordre, & conftamment à jour.

I I.

Chaque directeur aura entrée & féance dans le comité particulier qui fera fpécialement occupé de l'objet dont ce directeur fera chargé : c'eft lui qui rédigera les délibérations du comité, & qui en fera le rapport par écrit à l'affemblée d'adminiftration, defquels rapports il fera gardé minute.

III.

Les deux directeurs feront chargés de la garde du porte-feuille contenant les lettres de change & autres valeurs prifes à l'efcompte ; & en cas d'abfence, la clef du directeur abfent fera remife au fecrétaire, ou à telle autre perfonne que les adminiftrateurs jugeront convenable.

I V.

Le directeur des livres affiftera à la prife du papier à l'efcompte , & fera chargé de former ou faire former de tous les effets ainfi pris à l'efcompte , des états ou regiftres à l'infpection defquels on puiffe aifément reconnoître la quantité d'engagemens payables par chaque maifon , ainfi que la quantité d'effets efcomptés à chaque maifon : ces états devant contenir le nom du tireur , de l'accepteur & du dernier endoffeur de chaque effet , & l'indication précife de fon échéance , ce regiftre fera réputé fecret , & ne pourra être ouvert qu'à la réquifition des deux adminiftrateurs de femaine , ou de quatre adminiftrateurs , en affemblée d'adminiftration feulement.

V.

Indépendamment des objets de travail qui viennent d'être indiqués à chaque directeur , ils doivent fe regarder comme fpécialement chargés de veiller à l'exécution de toutes les décisions des comités , & subordonnés en tout aux délibérations des assemblées d'administration.

CHAPITRE IV.

Du Contrôleur.

ARTICLE PREMIER.

Il sera en outre établi un contrôleur des caisses ; & en conséquence, la garantie actuelle du caissier général lui sera rendue , & n'aura plus lieu désormais.

II.

Les fonctions du contrôleur seront de faire tous les jours la visite & inspection des caisses , de vérifier & de signer le visa des bordereaux qui seront remis au directeur des caisses. Il sera en outre autorisé toutes les fois qu'il le jugera à propos , ou quand un administrateur le demandera , à faire une vérification exacte & physique desdites caisses : elle se fera au moins une fois par mois en présence d'un administrateur des caisses , & pour s'y préparer , le contrôleur aura la liberté de fermer telle caisse qu'il voudra.

III.

Le contrôleur sera aussi particuliérement attaché à

la furveillance de tout ce qui concerne la fabrication, contrôle, fortie & rentrée des billets, & chargé de tout autre travail que l'adminiftration jugera convenable de lui indiquer.

CHAPITRE V.

Du Secrétaire.

ARTICLE PREMIER.

Le fecrétaire aura fous fa garde le regiftre du procès-verbal des affemblées générales, & ceux des délibérations & confultations des affemblées d'adminiftration.

I I.

Il écrira, lorfqu'il en fera requis, fous la diétée de chaque adminiftrateur, l'avis particulier qu'on voudra faire motiver fur le livre des confultations.

I I I.

Il aura de plus fous fa garde tous les arrêts, titres, mémoires, lettres & autres papiers de cette nature relatifs à la caiffe d'efcompte.

I V.

Il aura foin que les bureaux foient convenablement fournis de regiftres , papiers , encre , plumes, &c. , & traitera pour cet effet avec le papetier de la caiffe.

V.

Il fera chargé de faire avertir tous les membres de l'adminiftration pour leurs affemblées extraordinaires ; ainfi que pour celles des comités convenus.

V I.

Il fera auffi chargé de rédiger & faire imprimer toutes les annonces & affiches , & généralement tous les imprimés quelconques que l'adminiftration aura ftatué de publier.

V I I.

Il fera en outre fpécialement chargé d'affifter en perfonne à tout le procédé de l'impreffion des billets de caiffe, & de la vérification des quantités & fommes ainfi imprimées.

V I I I.

Le fecrétaire fera en outre chargé de la garde des différentes clefs dont il fera parlé ci-après , & il pourra recevoir celles de tout adminiftrateur ou directeur qui feroit forcément abfent lorfque fa clef feroit néceffaire, de maniere cependant à ce que toutes les clefs d'une même caiffe ne fe trouvent pas dans une même main, à l'effet de quoi un directeur & , à fon défaut, un principal employé pourra remplacer le fecrétaire.

CHAPITRE VI.

De l'Efcompte.

ARTICLE PREMIER.

Les adminiftrateurs de femaine feront le choix du papier qui fera préfenté à l'efcompte , & le caiffier n'en pourra payer validement le montant que fur le vu du bordereau paraphé par les adminiftrateurs de femaine.

II.

Il fuffira qu'un feul des adminiftrateurs de femaine refufe de parapher un bordereau quelconque pour qu'il foit rejetté de plein droit, & tout appel à l'adminiftration fur un rejet quelconque eft , par le préfent réglement, déclaré non-recevable.

III.

Il ne fera pris à l'efcompte aucun effet qui ne foit revêtu de deux bonnes fignatures au moins, & qui ne foit préfenté à l'efcompte par le dernier endoffeur directement : & cette condition néceffi-

tera que chaque perfonne qui préfentera du papier
à l'efcompte foit tenue de figner un bordereau des
effets ainfi préfentés ; mais tous les effets réputés
bons & folides feront admis indifféremment à l'efcompte , foit qu'ils foient préfentés par les perfonnes qui les auront reçus directement du dehors , foit
qu'ils aient déjà paffé par plufieurs mains à Paris.

I V.

Il ne fera rien pris à l'efcompte pour le public ,
à moins de 15 jours d'échéance ; mais ceux qui
tiendront leurs comptes courans à la caiffe feront
exceptés de cette regle.

V.

L'avantage permanent de la caiffe d'efcompte ne
pouvant réfulter que de fon utilité plus générale , les
adminiftrateurs de femaine répandront l'efcompte fans
acception de perfonnes , mais de maniere cependant
à donner la préférence à ceux qui tiennent leurs comptes courans à la caiffe ; & dans les tems où l'on
fera obligé de refferrer l'efcompte , on préférera
communément les petites parties aux groffes , & les
parties moins longues à celles qui le feroient davantage.

V I.

La fomme à deftiner chaque femaine à l'efcompte ,
& les conditions qui doivent l'accompagner devant

être fixées par l'affemblée d'adminiſtration, les adminiſtrateurs de femaine ne pourront pas s'en écarter ; mais dès qu'ils s'appercevront que l'argent en caiſſe fera tombé au deſſous du tiers du montant total des engagemens, tant par billets de caiſſe que par foldes dûs aux comptes courans, ils diminueront fenſiblement l'efcompte, & le feront ceſſer tout-à-fait quand la proportion fera tombée au quart, & ce nonobſtant les fixations ou réſerves quelconques qui pourroient leur avoir été données par l'aſſemblée d'adminiſtration.

V I I.

Les prêts permanens étant une des caufes les plus ordinaires des embatras des banques, il ne s'en fera point de ce genre.

V I I I.

Le capital des actions étant la caution naturelle de nos engagemens, il ne fera point fait de nouveaux prêts fur les dépôts d'actions ; & de ceux déjà faits, aucun ne fera renouvellé à des époques poſtérieures au 30 Juin prochain. Les autres prêts qui peuvent avoir été faits fur le dépôt d'autres effets publics de toute nature, rentreront d'ici à la même époque, & il n'en fera fait de femblable à l'avenir que d'après les principes & fous des formes que les actionnaires auront approuvées dans une affemblée générale.

CHAPITRE

CHAPITRE VII.

Des Caiffes.

ARTICLE PREMIER.

Les adminiftrateurs formeront un comité des caiffes, & fur fon rapport, ils en fixeront le nombre, & en prefcriront la marche & la manutention.

II.

Tous les caiffiers recevront les ordres du directeur des caiffes, lui rendront compte journellement de leurs opérations quelconques, & feront en tout affujettis à la furveillance & vérification qu'il jugera à propos de faire ou de prefcrire.

III.

Il y aura, à dater du 15 Mars prochain, une caiffe particuliere à trois clefs, dont deux feront gardées par les deux directeurs, & l'autre par l'adminiftrateur préfident du mois : dans cette caiffe on dépofera un nombre de millions en efpeces égal, au moins, à la cinquieme partie de la fomme des engagemens de la caiffe; on y ajoutera un nouveau million chaque fois que les engagemens fe feront aug-

N.

mentés de cinq millions, & l'on n'aura recours à ce fonds de réferve que lorfque les befoins des autres caiffes, ou une diminution fenfible dans la fomme des engagemens le rendra néceffaire.

CHAPITRE VIII (1).

Des Billets de Caiffe.

ARTICLE PREMIER.

Pour éviter le rifque inféparable de la création des billets de caiffe en trop forte maffe, il n'en exiftera jamais à la fois plus de dix millions au delà de la fomme réellement en circulation dans le public.

(1) Au lieu de ce chapitre, il a été délibéré par l'affemblée générale du 24 Janvier 1784 ce qui fuit :

Après avoir entendu le chapitre des billets de caiffe, tel qu'il a été préfenté dans le travail du comité, & après lecture du projet d'un chapitre de billets, préfenté par M. Rilliet, un autre par M. de Leffert, & avoir difcuté long-tems les avantages & les inconvéniens de chacun de ces fyftèmes, il a été décidé que le tout feroit référé à l'adminiftration pour en être rendu compte, avec l'avis des adminiftrateurs, à l'affemblée générale de Juillet prochain au plus tard; qu'en attendant il ne feroit rien changé à la forme des billets actuels, ni à leur fignature, mais que la feule inftruction à donner pour le moment fera de n'en créer à la fois que la moindre quantité compatible avec la célérité néceffe

II.

Ces billets feront imprimés, & fignés d'après une délibération & autorifation fpéciale de l'adminiftration, par un des deux directeurs, fous les mots *Pour la compagnie*, enfuite par le caiffier *du comptant*, fous les mots *Reçu en efpeces*, & en troifieme lieu par le contrôleur, qui y mettra le folio du regiftre.

III.

De ces dix millions, trois feront remis aux caiffiers particuliers pour le fervice journalier; trois autres, dans un coffre féparé fous la garde du directeur des caiffes & du fecrétaire, & les quatre reftans dans une troifieme caiffe à trois clefs gardées par un

---

faire au fervice, & de les partager de maniere à éviter le plus poffible leur réunion en trop grande maffe, pour obvier aux rifques de tout genre.

A l'effet de quoi il n'y en aura jamais plus de dix millions à la fois au delà de la fomme réellement en circulation dans le public, & partagés, autant que faire fe pourra, de la maniere fuivante :

Deux millions dans les mains des caiffiers, trois en la caiffe féparée des directeurs & contrôleur, & cinq dans la caiffe de l'adminiftration.

Les billets ne feront plus que de

L. 1000 }
& 600 } en caracteres noirs.

L. 300 }
& 200 } en caracteres rouges.

des adminiſtrateurs de femaine, par le directeur des billets & par le contrôleur.

IV.

Les verſemens néceſſaires & réciproques ſe feront par ces caiſſes de l'une à l'autre d'après l'eſprit de l'article ci-deſſus, & de maniere que le ſurplus des dix millions que de fortes rentrées pourroient produire ſoit invalidé dès le lendemain dans la forme que preſcrira le comité des billets, & dont il ſera chaque fois dreſſé procès-verbal, & le contrôleur ſera ſpécialement chargé de veiller à l'exécution de cet article ; & ſi par la ſuite l'adminiſtration trouvoit une marche à pouvoir invalider les billets à fur & meſure de la rentrée, elle ſera préférée.

V.

La garde du papier deſtiné aux billets de caiſſe, & tous les caracteres & inſtrumens quelconques ſervant à leur impreſſion ſera donnée au contrôleur & au directeur des caiſſes, & aucun billet ne pourra être imprimé, ſi ce n'eſt en leur préſence & ſous leur inſpection & contrôle.

V I.

Il n'y aura de billets de caiſſe pour la circulation que de quatre ſortes, ſavoir :

de L. 1000 ⎫
          ⎬ en caracteres noirs ;
L.   600 ⎭

L.   300 ⎫
&   ⎬ en caracteres rouges.
L.   200 ⎭

V I I.

Il pourra être fait, pour faciliter la circulation des billets dans les provinces, des billets à ordre des ſommes ci-deſſus payables à huit jours fixes après leur repréſentation, mais à aucune autre échéance ; & ce terme de huit jours n'étant donné qu'afin de procurer aux propriétaires des billets qui pourroient avoir été volés ou égarés, les moyens de faire parvenir leurs réclamations à la caiſſe, aucun de ces billets à ordre ne pourra être payé qu'à ſon échéance de huit jours pleins : on pourra même fournir ces billets en appoints quelconques, en ajoutant de la main, & au deſſus de la ſignature du caiſſier général & ſur les billets rouges ſeulement, la ſomme juſte & toujours moindre que 100 l., que le propriétaire deſireroit faire inſérer, & qui ſera indépendante & en ſus de la ſomme imprimée dans le corps du billet.

N iij

V I I I.

Le comité des billets vérifiera avec foin les billets retirés & invalidés, & ce comité fera tenu de s'affembler au moins une fois le mois, & tiendra regiftre de fes féances.

I X.

Les billets ainfi invalidés feront mis dans une caiffe ou armoire particuliere fous les clefs du directeur des caiffes & du directeur des billets, pour être brûlés au moins une fois par an, en préfence du comité des billets, qui en certifiera le procès-verbal.

C H A P I T R E IX.

Des Comptes courans.

A R T I C L E P R E M I E R.

Les adminiftrateurs auront foin d'établir à l'égard des comptes courans un ordre d'écritures & de comptabilité qui ne permette point que les particuliers foient crédités qu'après que les fonds feront réellement rentrés.

I I.

A cet effet, le montant des objets à recevoir donnés par les particuliers pour être portés à leurs comptes courans ne fera à leur difpofition que le lendemain de leur rentrée ; mais ils pourront difpofer dès le jour même des fonds qu'ils auront envoyés en efpeces & en billets de caiffe.

III.

Les comptes courans feront débités à l'inftant même de chaque paiement qui fe fera à leur charge : on évitera foigneufement de faire des avances quelconques , & les engagemens payables à la caiffe d'efcompte ne feront jamais acquittés avant le jour même de leur échéance. — Pourront cependant les effets échéant un jour quelconque , & acceptés payables à la caiffe d'efcompte fervir de fonds pour des engagemens échéant le même jour, pourvu que les fonds de ces lettres de change aient déjà été faits aux comptes courans.

IV.

Les comptes courans feront additionnés tous les foirs de maniere à fournir au directeur des comptes courans le réfultat des foldes.

V.

Le directeur ayant le département des comptes courans veillera directement à la bonne tenue de tous les regiftres relatifs à cette partie , le tout fous l'infpection du comité des comptes courans , & fous les ordres de l'adminiftration.

CHAPITRE X.

Du Dépôt d'Actions.

ARTICLE PREMIER.

Il fera inceſſamment conſtruit dans l'hôtel une ſerre, caveau ou autre endroit de ſûreté où les papiers feront parfaitement à l'abri du feu, & dont les clefs feront gardées par les deux directeurs.

II.

Les actions dépoſées feront gardées dans ce dépôt dans une caiſſe de fer ſous trois clefs, ſavoir : celle d'un adminiſtrateur de ſemaine, celle du directeur des livres, & celle du ſecrétaire.

III.

Les regiſtres du dépôt feront tenus en parties doubles : les grands livres fermeront à clefs. Chaque dépôt ſera ſigné par la perſonne qui dépoſe, & viſé enſuite par un adminiſtrateur ; mais nul ne pourra décharger le regiſtre des actions dépoſées ni de leurs dividendes que la perſonne même au nom de laquelle le dépôt ſera fait, ou du fondé de ſa procuration en bonne & due forme. On ſera libre d'ajouter au compte de chaque dépoſant les clauſes, reſtrictions

& conditions contenues dans les actes devant notaires & autres qui accompagneront ces dépôts, &
l'on fera tenu de s'y conformer.

I V.

Le dépôt fera tenu abfolument fecret, & nul hors
l'adminiftration n'y aura recours, excepté les propriétaires des actions dépofées ou leur fondé de procuration, chacun en ce qui le regarde feulement, &
ces perfonnes pourront fe faire accompagner d'un
notaire à l'effet de conftater l'exiftence de leurs dépôts à une époque quelconque fur les livres de la
compagnie.

V.

Il ne fera délivré aucun certificat des actions au
dépôt, fi ce n'eft à l'effet de faire entrer les actionnaires aux affemblées générales. Ces certificats feront mention du nombre des voix que chaque actionnaire pourra donner dans les cas de fcrutin, relativement au nombre de fes actions d'après le réglement du 22 Novembre 1783. Ils feront libellés
de maniere à ne point fervir de titre contre la
compagnie, & à être nuls & de nul effet, l'affemblée
finie.

V I.

Tous les livres relatifs aux actions dépofées feront
tenus par duplicata. Chaque opération y fera inf-

crite au moment même de fa confommation, &
un des deux recueils de ces livres fera tranfporté tous
les foirs dans le dépôt de fûreté dont il eft parlé à
l'article 18 de ce chapitre, & renfermé dans une boîte
exprès dont la clef reftera fous la garde du directeur des livres.

CONCLUSION.

Les adminiftrateurs trouveront dans les chapitres
précédens le peu de réglemens pofitifs que la compagnie a jugé à propos de leur prefcrire, & defquels
elle exige qu'ils ne fe départent point, fans y être
autorifés par délibération d'une affemblée générale. ---
Mais ils remarqueront que l'efprit général de ces
réglemens n'eft, pour ainfi dire, que préfervatif;
qu'on n'a eu en vue que d'éviter les abus, diminuer les rifques, & prefcrire en général l'ordre, la
méthode, la fûreté & la furveillance. Tous ces
moyens tendent fans doute effentiellement à la folidité & à la permanence de l'établiffement, & en
cela à augmenter la confiance du public, fi néceffaire aux fuccès de la caiffe d'efcompte. Mais il
eft des vues générales, des précautions, pour ainfi
dire, intellectuelles, qui tiennent au véritable efprit
de la chofe, que nul réglement ne peut prefcrire,
qu'aucun confeil ne peut fuppléer : c'eft là ce que
les actionnaires attendent principalement du zele,

de l'expérience & de la fagacité des adminiſtrateurs de leurs affaires. Ils ſe contenteront de re-
commander ici à l'adminiſtration de regarder la
prudence, & la modération comme leurs premieres
vertus, de ſe rappeller qu'il n'y a de profit deſira-
ble que celui qui promettra permanence & ſolidité,
& qu'on n'eſt jamais auſſi aſſuré d'être auſſi effica-
cement utile aux autres que lorſque c'eſt ſans riſques ni dangers pour ſoi.

Leur premier & conſtant devoir ſera de concilier l'utilité publique avec celle de la caiſſe d'eſcompte : ces intérêts bien entendus ſont en effet
inſéparables, & nous ne devons point oublier que
la confiance publique, ſource de tous nos bénéfices, exige de notre part un retour de vigilance,
d'exactitude & de ſacrifices même, s'il pouvoit
en être beſoin, afin de rendre notre établiſſement de
plus en plus utile.

Pour cela, nos adminiſtrateurs doivent tendre ſans
ceſſe vers l'augmentation progreſſive de la maſſe de
nos billets en circulation, non-ſeulement dans Paris,
mais dans toutes les provinces du royaume. Cette
nouvelle voie de communication facilitera les verſemens en même tems qu'elle difpenſera des tranf-
ports, & cette double utilité lui méritera les importantes facilités que l'adminiſtration publique peut
ſeule lui procurer, celle de faire recevoir nos billets dans toutes les caiſſes royales.

Il faudra auſſi s'occuper continuellement des
moyens de multiplier les comptes courans avec les

particuliers de tous les ordres , & avec les grandes caiſſes, ſource féconde de jouiſſance d'argent , & de facilité pour le ſervice intérieur. — Mais pour rendre tous ces avantages permanens & durables, il faut que rien ne puiſſe altérer la réſolution priſe par la compagnie de garder toujours en eſpeces réelles en caiſſe une ſomme amplement ſuffiſante pour faire face à toutes les demandes.

La proportion fixée à cet égard par les ſtatuts du 22 Novembre doit être regardée comme ſtricte & de rigueur ; nulle conſidération ne doit engager l'adminiſtration à la diminuer, fût-ce même pour un jour ; ce doit être pour elle une regle inviolable & ſacrée. A quelque ſomme que nos engagemens puiſſent s'élever à l'avenir , ſur quelque ſurface qu'ils puiſſent être répandus , quelque réſultat qu'ait donné l'expérience , il ne faudra jamais laiſſer baiſſer la proportion au deſſous de celle du tiers au quart fixée par les ſtatuts : non - ſeulement la ſûreté des actionnaires & des porteurs de nos engagemens exige que cette réſerve ſoit toujours intacte , l'utilité publique veut encore qu'on accumule la ſomme des eſpeces en caiſſe à meſure qu'on augmente la circulation des billets : car il eſt de principe inconteſtable que toute circulation de papier faiſant office d'eſpeces a une tendance directe à diminuer la quantité des eſpeces réelles en circulation. C'eſt pour tempérer cet effet du papier circulant que la réſerve ordonnée doit être inviolablement maintenue comme principe d'adminiſtration publique.

Cette proportion, au reste, n'est établie que pour les tems ordinaires & tranquilles ; il en survient quelquefois d'autres ; nos administrateurs seront plus que nous à portée de les prévoir ou de s'en garantir. Ils sont communément annoncés par des opérations forcées, des mouvemens inusités, des transports d'argent & des soubresauts dans la circulation. Au moindre avertissement de cette espece, à chaque crue ou diminution subite de nos billets, nos administrateurs redoubleront de surveillance, & tâcheront de remonter aux causes ; mais une diminution sensible de l'escompte, tant en masses qu'en échéances, afin de remonter la proportion des especes au dessus de la fixation ordinaire, sera le premier effet de la plus légere inquiétude : le reste dépendra d'eux.

En acceptant d'entrer dans l'administration de la caisse d'escompte, ils doivent à la compagnie leurs soins, leur vigilance, l'emploi de tous leurs talens pour l'utilité commune, & les actionnaires leur devront en retour confiance, reconnoissance, soutien. Ce sera de cette réunion heureuse que résulteront l'oubli des malheurs passés, & le raisonnable espoir d'une prospérité solide dans l'avenir.

FAIT & délibéré par les commissaires nommés par l'assemblée générale du 26 Novembre pour la rédaction du régime intérieur, lesdits commissaires assemblés en comité le 20 Janvier 1784.

Signé, DE LESSERT, LE COUTEUX
DE LA NORAYE, FORNIER,
DE ST. MARTIN, PANCHAUD.

N°. XII.

	Juillet	l.		1783 Août	l.		7bre	l.
du 1r. au 5.	1370000		1	1208000		1	1570000	
7	659000		2	1669000		2	1555000	
8	1208000		4	1621000		3	1301000	
9	816000		5	1656000		4	1418000	
10	1247000		6	1623000		5	1310000	
11	875000		7	1489000		6	1073000	
12	869000		8	1344000		9	873000	
14	724000		9	1854000		10	1305000	
15	959000		11	1753000		11	1165000	
16	1036000		12	1833000		12	960000	
17	606000	l.	13	1470000		13	968000	
18	996000	24730432	14	1428000		15	776000	l.
19	1867000		16	1463000	l.	16	896000	17287396
21	2103000		18	1414000	24331080	17	1191000	
22	2067000		19	1353000		18	1137000	
23	1736000		20	2064000		19	991000	
24	1567000		21	2298000		20	1088000	
25	1056000		22	1949000		22	1106000	
26	1218000		23	1813000		23	282000	
28	1345000		26	1308000		24	653000	
29	1006000		27	1454000		25	348000	
30	1090000		28	1171000		26	138000	
31	1747000		29	767000		27	440000	
			30	1946000		29	487000	
						30	1291000	

OMISSION.

Il a été oublié à la page 30 une note qui tombe sur cette phrase : » Il faut en convenir, le jeu sur les actions de la » Caisse d'Escompte a tout fait ; il a donné la fureur con- » tagieuse de méprifer le certain pour courir après l'incer- » tain «. —— Voci cette note.

(1) » Non content de vendre à Paris les actions de la banque de Ma- » drid, on vient d'y publier un Prospectus pour les actions d'une com- » pagnie des Philippines ; c'eſt-à-dire, une compagnie dont le but eſt de » lier par la mer du fud le commerce de l'Amérique méridionale avec » celui de l'Afie ; ou fi l'on veut une compagnie dont le fiege eſt à » Madrid, l'adminiſtration aux Indes, & le magafin chez les Ma- » rattes. Il ne manquoit plus à cette fpéculation d'un genre tout neuf » aſſurément que des actionnaires Parifiens, & l'on peut fe fier à l'har- » monie qui regne entre les adminiſtrateurs des caiſſes d'efcompte » de Paris & de Madrid, pour qu'il y en ait bientôt ; car la fœur » aînée a déjà pris un intérêt de 12 millions dans les affaires de fa » cadette «,

F I N.

TABLE.

Fin de la Table.

POST-SCRIPTUM.

Forcés de porter notre ouvrage à des preffes étrangeres, nous étions parvenus à le faire imprimer en huit jours ; déjà il étoit prêt à franchir la frontiere, toujours fi bien gardée par les ennemis de la liberté & de la vérité, lorfque nous avons appris par une lettre en date du 15 Mai, que les commiffaires chargés de dreffer les nouveaux réglemens de la caiffe d'efcompte devoient faire leur rapport le 16 au contrôleur général.

Ils ont, à ce qu'on dit, déterminé un dividende fixe & permanent de 160 liv, les bénéfices excédans feront partagés à chaque femeftre, en deux parts, l'une pour les actionnaires, l'autre pour un fonds de réferve, & l'on s'attend en conféquence à un dividende de 190 liv. au moins ; car on ne daigne pas même mettre en queftion fi le contrôleur général approuvera ou n'approuvera pas cet arrangement. Que dis-je ? On annonce qu'il faudra bien qu'il fe

Q

foumette, s'il ne veut pas perdre fa place.

Nous ofons en augurer autrement, nous qui favons que le roi lit, qu'il veut le bien, & que l'opinion & la confiance publiques, lorfqu'elles ne font point égarées (or, elles ne le font jamais long-tems), fecondent fa volonté perfonnelle contre l'intrigue & les partis qui ne le voudroient roi que pour eux. Nous ofons l'inviter, en cette occafion comme en toute autre, à voir par fes yeux, à juger par fes lumieres, à combattre la très-eftimable, mais trop grande méfiance qu'il a de lui-même, & à regarder comme un axiome cette vérité : qu'avoir du caractere, c'eft toujours avoir affez de talens, furtout pour regner & pour regner en grand & bon roi : or, c'eft là ce qu'un fouverain doit être, ou le métier de gouverner les hommes eft affurément le plus trifte des métiers.

Quant au nouveau plan des commiffaires, c'eft le premier de Juin qu'il doit être fanctionné : ainfi nous n'avons que le tems d'obferver que l'on n'y ftatue rien pour la ftabilité de la banque de fecours ; que ce nouvel arrangement eft la preuve la

plus complette qu'on eſt véritablement eni-
vré par les eſcomptes prodigieux que gagne la caiſſe en ce moment, ſans faire attention que pas un commerce proprement
dit, pas une manufacture ne l'alimente
aujourd'hui & n'eſt alimentée par elle ;
que tout porte ſur le jeu des actions ;
que cette frénéſie acquiert à tout inſtant
des forces incalculables ; que chaque jour
la province vomit des joueurs & de l'argent pour jouer... C'eſt là, ſelon M. de Forbonnais, dont l'ouvrage vraiment admira-
ble ſur les finances devroit d'autant mieux
être aujourd'hui dans toutes les mains, qu'il
n'eſt pas même nommé dans celui de M.
Necker, *c'eſt là*, ſelon M. de Forbonnais,
le plus grand mal que l'on pût attribuer au
Syſtême.

Quoi qu'il en ſoit, il paroît un *Plan*
d'aſſociation pour ſoutenir le prix des actions,
qui a été dépoſé chez M. Lormeau,
notaire ; nous allons le donner ici avec les
réflexions qu'il nous a fait naître : nous
tenterons ainſi tous les moyens qui ſont en
notre pouvoir de faire échouer ce plan vrai-

ment extravagant & funefte, & de fauver, s'il eft poffible, le chagrin, nous avons pref- que ditl'opprobre, de le voir exécuter, au mi- niftre actuel des finances, à l'adminiftration duquel nous ne faurions nous empêcher de porter un vif intérêt, féduits que nous fommes par fes qualités aimables, & con- vaincus des talens qu'il peut déployer, s'il veut une fois s'abandonner à fes propres for- ces, n'eftimer fa place que pour fa gloire, ofer rendre fa confiance à fes vrais amis, & dédaigner de courber un géant devant des pygmées.

PROSPECTUS D'ASSOCIATION

A une Spéculation fur les Actions de la Caiffe d'Efcompte de Paris, dans laquelle ceux qui voudront s'intéreffer, jouiront de l'intérêt de leurs fonds à cinq pour cent, trouveront l'affu- rance complette de leur capital, & participe- ront à des bénéfices certains.

La caiffe d'efcompte eft un de ces établiffemens qui, en vivifiant le commerce par une augmenta- tion confidérable de fignes repréfentatifs du numé-

RÉFLEXIONS

Sur un *Prospectus* d'affociation dépofé chez M. Lormeau, notaire, rue du Petit-Lion, pour prévenir ingénieufement la baiffe des actions de la caiffe d'efcompte au deffous de 6,700 livres.

PErfonne ne doute de l'utilité de la caiffe d'ef-compte : les fervices qu'elle peut rendre font parfaitement connus ; & , fans avoir recours à l'autorité de M. Necker, on comprend que les lettres de change qu'elle prend à l'efcompte , confidérées en maffe , peuvent être pour elle un emploi parfaitement folide des fonds de fes actionnaires , & des

raire, étoit de nature à mériter l'appui du gouvernement : auſſi , depuis ſa fondation , a-t-elle toujours reçu des marques ſignalées de la bonté du prince qui l'a créée , qui la protege & qui s'intéreſſe à ſes progrès.

La nature de cet établiſſement, ſupérieure à celle de tous les autres fonds , eſt de ne pouvoir exiſter ſans s'accroître , & de ſe préparer, tous les jours à elle-même , de nouveaux moyens de vie par les aliments qu'elle donne au commerce , par les établiſſemens en tout genre qu'elle facilite en France , & par les reſſources qu'elle procure au public. Déjà une infinité de particuliers ont à la caiſſe d'eſcompte des comptes ouverts ; elle ſe charge ſans frais du recouvrement de leur recette, ainſi que de leur dépenſe ſur des mandats que chacun donne à fur & meſure de beſoin ; ce qui évite d'une part au public les frais d'un dépôt, les embarras des recouvremens, & de l'autre , le garantit de la perte des billets , des vols, ainſi que des erreurs. La certitude des bénéfices qu'elle promet, efface abſolument la proportion que le premier coup d'œil établit entre le prix de l'action & ſa miſe premiere.

Telle eſt la juſte définition de cet établiſſement fondé par le vœu du gouvernement & du commerce ; conſacré par la confiance de la nation ; affermi par la protection du ſouverain ; recommandable par ſes ſervices ; précieux par ſes relations avec

billets de confiance qu'elle répand dans le public.

Mais les méprises sur le choix de ces lettres de change ne sont pas impossibles, & le témoignage que M. Necker rend à leur solidité, n'empêche pas que la cause qui produit ces lettres de change, & les circonstances qui les multiplient, ne puissent inquiéter, même les vrais amis de la caisse d'escompte, ceux qui s'embarrassent peu de l'agiotage sur les actions. En Angleterre, où l'on attache le plus haut prix à l'intégrité du crédit des billets de la banque, qui sont, selon M. Necker, les plus grands appuis de la puissance politique ; en Angleterre, dis-je, rien n'est plus soigneusement écarté du choix de la banque que toutes les lettres de change, quelles qu'en soient les signatures, quand elles sont soupçonnées par les directeurs d'appartenir à des circulations sur des papiers publics. Il s'en faut bien qu'il en soit de même à Paris, & ces bénéfices qu'on procure à la caisse d'escompte pour soutenir la valeur fictive des actions seroient bien moins considérables, si l'on y portoit dans le choix des lettres de change le même scrupule qu'à Londres.

Suivant le Prospectus, on croiroit que la caisse d'escompte a facilité en France des établissemens de tout genre, & procuré de grandes ressources au public.

Cela viendra sans doute ; mais jusqu'ici l'on peut demander où sont ces établissemens, & même où sont ces ressources, à moins qu'on ne veuille compter au rang de ces établissemens utiles & de ces vastes ressources, cette fureur de jouer sur les effets publics, cette

le crédit public & les crédits particuliers intéreſſés
à ſa conſervation. Sous de pareils rapports, ſon
utilité ſeule, aux yeux des ſpéculateurs les plus réſer-
vés, comme pour le gouvernement le plus ſage,
eſt un garant immuable de ſa durée. A ces conſidérations générales, nous ajouterons qu'elle ſoutient
& étend le crédit national, en facilitant les emprunts & en en ſoutenant le prix par l'aiſance qu'ont
les ſpéculateurs de ſe procurer de l'argent à bon
marché ; cè qui leur évite ces embarras momentanés qui mettent dans la néceſſité de vendre préci-
pitamment & avec perte des effets publics. Auſſi
l'Angleterre attache-t-elle le plus haut prix à l'intégrité du crédit de ſes billets de banque, qui ſont,
ſelon M. Necker, les plus grands appuis de la puiſ-
ſance politique.

Pour prouver la ſolidité de cette caiſſe, & écarter toute idée de crainte ſur les opérations qu'elle
embraſſe, on ne croit pouvoir rien faire de mieux
que de rapporter ici littéralement ce qu'écrit à co
ſujet ce grand adminiſtrateur :

» Les billets de caiſſe, dit-il, répandus dans la
» circulation ont pour caution, & les lettres de
» change qui ont été priſes à eſcompte, & le ca-
» pital entier fourni par les actionnaires. Ces let-
» tres de change conſidérées en maſſe ſont un em-
» ploi parfaitement ſolide «.

Convaincu de toutes ces vérités, & ſur-tout des
bénéfices conſidérables qu'on doit attendre de cet

âpreté de gain qui fait déserter les provinces pour venir jouer à Paris sur les actions de la caisse d'escompte, sur les actions d'Espagne, sur tout ce qui porte le nom d'Actions.

Demandez aux fabricans de Lyon comment ils se trouvent de ce que les négocians, & les particuliers de cette ville ne pensent plus qu'au jeu sur les fonds publics, ne rêvent plus que hausse & que baisse, & n'ont d'attention que pour imaginer, combiner des ruses, & faire aller & venir des couriers extraordinaires pour tenir en activité l'agiotage, qu'ils préferent maintenant au commerce.

Et de bonne foi, qui profite jusqu'à present du bas intérêt auquel la caisse escompte les lettres de change ? Pourroit-on montrer une seule manufacture, un seul commerce d'objets de consommation qui en aille mieux ? Pourroit-on montrer des domaines mieux cultivés par les heureux effets de la caisse d'escompte ; l'agriculture est-elle plus en honneur, graces à ses billets de confiance ?...

L'Etat a peut-être trouvé plus de facilité dans ses emprunts. C'est cependant un bien dont il est encore permis de douter, quand on compare les objets que les joueurs embrassent avec fureur, aux fonds de l'Etat pour lesquels ils restent indifférens.

La vérité est que l'intérêt de l'argent n'a diminué que pour un certain ordre de banquiers, ou de gens d'affaires. Ils vendent tout aussi cherement que jamais au public leurs services, quoique la caisse leur en rende, & à bon marché

établiſſement par l'accroiſſement que lui préparent la ſageſſe de ſon adminiſtration & la bienveillance du miniſtre éclairé qui dirige les finances de l'État, un ſpéculateur, après avoir attentivement réfléchi ſur le concours de tant de cauſes qui aſſurent d'une maniere permanente les ſuccès de la caiſſe d'eſcompte, propoſe aux capitaliſtes de former avec lui une aſſociation ſur les actions de cette caiſſe, aux conditions ſuivantes,

ARTICLE PREMIER,

La durée de cette aſſociation ſera de trois années, à compter du 1 Juillet 1785 ; néanmoins elle pourra finir avant ce terme, ſi les circonſtances mettent le ſpéculateur à portée de réaliſer plutôt les bénéfices qui doivent être l'objet de ſon opération.

I I,

Le prix de chacune des actions qui entreront dans l'aſſociation ſera invariablement fixé au regard des actionnaires & du ſpéculateur, à 7,700 liv. chacune, fin Juin 1785.

I I I,

Ce dernier ſera ſeul chargé de faire acheter les actions deſtinées à la ſpéculation, toutes garnies de cinq dividendes dont le premier ſera celui des ſix derniers mois 1785 ; &, quel que ſoit le prix de l'achat, les actionnaires ne fourniront ni au deſſous

grace à la partialité de l'adminiftration dans le choix des perfonnes qui doivent jouir de la faveur de l'efcompte. Il s'eft établi une nouvelle induftrie qui confifte à revend e à 5, 5 ½ pour 100, & plus, ce que la caiffe donne à 4 ½, & devroit donner plus généralement à 4. Il eft difficile de trouver dans cet état de chofes un grand avantage pour le public.

On peut mettre en fait que la caiffe a infiniment multiplié la maffe des lettres de change qui fe paient dans Paris, mais qu'elle y a plûtôt diminué qu'augmenté celles qui naiffent d'un vrai commerce, d'une induftrie qui reflue immédiatement fur les objets intéreffans pour la nation... C'eft une vérité dont feroit bientôt convaincu l'homme inftruit & expérimenté à qui l'on confieroit un examen critique du porte-feuille.

S'enfuit-il qu'il faille regarder la caiffe d'efcompte comme inutile, comme un établiffement fâcheux ? Non fans doute, mais bien, qu'il faut fe défier de ceux qui l'exaltent, qui ne parlent que de fes bénéfices, qui n'annoncent & ne veulent que leur accroiffement, qui cherchent à détourner l'attention du gouvernement de la fituation vraiment critique cachée fous cette profpérité fi vantée, & à répandre une illufion propre à voiler les dangers évidens du mouvement exceffif donné par la caiffe à un grand nombre de têtes peu inftruites.

Quel eft le moyen de ralentir ce mouvement,

ni au deſſus de 7,700 liv. par chaque action payable
par eux à la fin de Juin.

I V.

On pourra s'intéreſſer à l'aſſociation pour tel nombre d'actions qu'on jugera à propos, même pour une
feule, pour une moitié, un tiers, un quart, un cinquieme ou un ſixieme d'action.

V.

Chacun de ceux qui voudra y prendre intérêt, ſe
fera inſcrire chez M. Lormeau, notaire, rue du
Petit-Lion, & lui dépoſera ſon billet, payable à la
fin de Juin prochain fixe, toujours à raiſon de 7,700
liv. pour l'action entiere. Ce notaire, que le ſpéculateur nomme pour ſéqueſtre de l'aſſociation, don-
nera ſes reconnoiſſances des promeſſes à lui dépoſées.

V I.

Le ſpéculateur, pour tranquilliſer les actionnaires
ſur la perte qu'ils pourroient craindre, réſultant d'une
diminution ſur le prix des actions, fournira un
cautionnement de toute ſatisfaction de 1,000 liv.
par action, ou de 100,000 liv. par cent, ou dépoſera à la volonté des actionnaires, comptant la
ſomme de 1,000 liv. par action entre leurs mains à
la charge par eux de lui payer à chaque ſemeſtre 25
liv. d'intérêt, laquelle ſomme de 1,000 liv. il ne

d'imprimer des idées faines & des vues modérées aux joueurs qui veulent tout entraîner dans leur tourbillon ? Je ne prétends pas déterminer ce moyen ; mais, à coup fûr, ce n'eſt pas d'écouter leurs fophifmes, de fe rendre au vœu de leur cupidité.... Tant mieux, que la caiſſe d'efcompte gagne ; mais juſqu'à ce que la folidité de fes reſſources ſoit mieux connue, fes bénéfices doivent bien plutôt ſervir à amaſſer des proviſions, & même des proviſions conſidérables pour les décomptes futurs, qu'à faire monter le prix des actions.

Et au fond, l'auteur du Proſpectus d'aſſociation ne paroit pas lui-même avoir une grande confiance dans les brillans ſuccès de la caiſſe, puiſqu'il craint ſi fort qu'on n'en ait pas une aſſez haute idée.

Ne pourroit-on pas lui demander pourquoi il a imaginé cette aſſociation, ſi, comme il l'avance, le propre de la caiſſe d'efcompte eſt de ne pouvoir ſubſiſter ſans s'accroître ? Pourquoi le ſpéculateur en actions qui doivent toujours croître, iroit-il les engager dans une ſociété à laquelle il paieroit l'aſſurance d'un riſque qu'il ne court point ?

Au reſte, l'auteur ou les auteurs de ce Proſpectus auront ſans doute la touchante bonté d'en donner un commentaire qui le rende intelligible.

On y voit très-bien dans le préambule un amas de lieux communs dont le réſultat eſt une inſtante priere au gouvernement de permettre à l'adminiſtration de répartir un gros dividende ; une priere

pourra répéter qu'après que chaque actionnaire aura
été remboursé du capital fourni par lui, & qu'il aura
joui chaque année de *cinq pour cent* d'intérêt, sans
retenue ; de maniere que l'actionnaire qui aura reçu
du spéculateur 1,000 liv. par action, pour lui servir
de garantie, en cas qu'elle vînt à éprouver quelque
diminution, n'aura à débourser que 6,700 liv. pour
le prix de chacune.

V I I.

A mesure que les actions auront été achetées de
l'ordre du spéculateur, ce dernier les déposera entre les mains du séquestre, qui lui en paiera le
prix tant avec les deniers déposés audit séquestre,
qu'avec ceux que fournira le spéculateur, pour
compléter ce prix, si elles avoient coûté plus de
7,700 liv. chacune ; & ces actions, ainsi déposées,
seront affectées par privilege, au paiement des
sommes déboursées par les intéressés.

V I I I.

Le séquestre sera autorisé,

1º A recevoir, tous les six mois, pendant la
durée de l'association, le montant des dividendes jusques & compris celui des six premiers mois 1788.

2º Et à remettre le montant jusqu'à due concurrence desdits dividendes aux actionnaires, cha-

non moins fervente, *de se persuader que la caisse*
d'escompte est supérieurement administrée, que les
avantages que la nation en retire font infinis, &
que les bénéfices font tellement certains, que la
proportion établie par le premier coup-d'œil entre le
prix de l'action & sa mise premiere doit être effacée; &
comme M. Necker fait apparemment autorité auprès
du gouvernement, on le fait prudemment parler
& répondre fur ce qui n'est pas en question; on ap-
plique même ses paroles à une maniere d'envisager
la caisse d'escompte qu'il n'a jamais eue.

Quant à ceux qui voudroient avoir une idée
claire de l'organisation de cette nouvelle compagnie
d'assurance, dont la durée est fixée à trois ans, &
se démêler de la confusion des treize articles qui
ne laissent rien à desirer aux actionnaires, ni pour
leurs sûretés, ni pour les avantages que présente
la spéculation proposée, *nous les exhortons à la*
patience jusqu'à ce que le commentaire fur les
treize articles vienne les illuminer... Ce n'est pas
que l'obscurité n'ait son mérite; & si l'auteur du
Prospectus *avoit pensé à créer tout de suite des ac-*
tions pour cette compagnie de trois ans, il est très-
probable qu'elles se vendroient déjà à la Bourse aussi
avantageusement que les actions de St. Charles &
celles des eaux de Paris. Comment est-il possible
que cette heureuse idée lui soit échappée?

17 Mai 1785.

cun en proportion de fa mife , pour les remplir
de l'intérêt à *cinq pour cent* par an , fans retenue.

I X.

Dans le cas où le dividende n'équivaudroit pas
aux intérêts à *cinq pour cent* fans retenue de chaque mife , calculés à compter du premier Juillet
1785 , le fpéculateur s'engage à fournir entre les
mains du féqueftre fomme fuffifante de fes deniers ,
& fans répétition contre les actionnaires , pour compléter les intérêts à *cinq pour cent* , laquelle fomme leur fera répartie en proportion de leurs mifes.
Mais fi au contraire , le dividende excede lefdits
intérêts , ce qui en reftera fera joint aux bénéfices
de l'opération.

X.

Le fpéculateur aura feul la faculté de faire vendre , quand il jugera le moment favorable , par
l'agent de change qu'il aura choifi , les actions qui
auront été dépofées au féqueftre , lefquelles, à mefure des ventes , feront délivrées par celui-ci à l'a-
gent de change , en vertu d'un mandat du fpéculateur ; & l'agent de change remettra avec ce
mandat fon bordereau de négociation , daté & de
lui certifié véritable au féqueftre , en lui dépofant
en même tems le prix en argent de chaque négociation.

XI.

X I.

Après la révolution de chaque semestre , & dans le courant des mois de Janvier & Juillet , il sera , sur la représentation des bordereaux de négociation, fait un compte général du produit des ventes qui auront eu lieu pendant le semestre révolu ; & ce qui restera de ce produit , sera réparti entre les actionnaires , en proportion de leurs mises respectives , & opérera d'autant le remboursement de ces mises.

X I I.

Lorsque , par l'effet de ces contributions successives , lesdites mises auront été remboursées en totalité , ce qui se trouvera entre les mains du séquestre , tant en argent qu'en actions existantes , composera les bénéfices de l'association ; mais la répartition n'en sera faite qu'après que les actions restantes auront été vendues dans la forme marquée en l'article 10. Alors la totalité des bénéfices nets appartiendra , savoir : pour la moitié au spéculateur , & pour l'autre moitié aux actionnaires , entre lesquels le montant de cette moitié sera réparti par contribution , en proportion de leurs mises.

X I I I.

Au mois de Juin 1788 , terme de l'association , s'il restoit encore des actions entre les mains du

P

féqueftre, & que le fpéculateur ne jugeât pas à propos de les vendre, le prix en feroit fixé fur le pied
du cours à cette époque; le montant de ce prix
fera verfé par le fpéculateur entre les mains du féqueftre & réuni aux deniers comptants qui fe trou-
veroient alors entre les mains de ce dernier, qui
fera la répartition du tout entre les actionnaires,
dans la proportion de ce qui leur refteroit dû de
leurs mifes ; le furplus, formant définitivement le
bénéfice, appartiendra & fera réparti de la maniere
indiquée par l'article précédent.

OBSERVATIONS.

Ces conditions ne laiffent rien à defirer aux
actionnaires, ni pour leurs fûretés, ni pour les
avantages que préfente la fpéculation propofée.

Quant aux fûretés, elles font complettes.

1°. Privilege pour leur rembourfement fur les
actions dépofées.

2º. Une caution de 1,000 liv. par action, où
la même fomme dépofée entre les mains de chaque actionnaire, de maniere que pour que l'actionnaire fût fujet à aucune perte, il faudroit que l'action tombât dès la fin de Juin à 6,700.

Les avantages ne font pas moins évidens.

1º Celui de partager, à titre de bénéfices, tout
ce qui, du prix des négociations, excédera 70,700
liv. par action, formant la mife de chacun, quand
même le fpéculateur auroit acheté les actions au-

delà de ce prix, fans qu'il puiffe prélever l'excédant.

2°. L'affurance d'avoir l'intérêt de fa mife à *cinq pour cent* fans retenue.

3°. Enfin la facilité de faire un placement folide, avantageux, & dégagé de tous foins, pour un court efpace de trois années que des circonftances favorables peuvent abréger encore, & de faire ce placement pour des portions d'actions ; ce qui peut convenir à une multitude de perfonnes.

Tous ceux à qui cette fpéculation conviendra, & qui defireront s'y affocier, pourront s'adreffer à M. Lormeau, notaire, rue du petit - Lion - Saint - Sauveur.

OMISSION.

Il a été oublié à la page 30 une note qui tombe sur cette phrase : » Il faut en convenir, le jeu sur les actions de la » Caisse d'Escompte a tout fait ; il a donné la fureur con- » tagieuse de méprifer le certain pour courir après l'incer- » tain «. — Voici cette note.

(1) » Non content de vendre à Paris les actions de la banque de Ma- » drid, on vient d'y publier un *Prospectus*, pour les actions d'une com- » pagnie des Philippines, c'est-à-dire, une compagnie dont le but est de » lier par la mer du fud le commerce de l'Amérique méridionale avec » celui de l'Afie, ou, fi l'on veut, une compagnie dont le fiege est à » Madrid, l'adminiftration aux Indes, & le magafin chez les Ma- » rattes. Il ne manquoit plus à cette spéculation d'un genre tout neuf » affurément que des actionnaires Parifiens, & l'on peut fe fier à l'har- » monie qui regne entre les adminiftrateurs des caiffes d'escompte » de Paris & de Madrid, pour qu'il y en ait bientôt : car la fœur » aînée a déjà pris un intérêt de 12 millions dans les affaires de fa » cadette «.

FIN.

TABLE.

Fin de la Table.

www.ingramcontent.com/pod-product-compliance
Lightning Source LLC
Chambersburg PA
CBHW071641200326
41519CB00012BA/2367